成为极少数

李栩然 / 著

中信出版集团 | 北京

图书在版编目（CIP）数据

成为极少数 / 李栩然著. -- 北京 : 中信出版社,
2019.11（2023.10重印）
ISBN 978-7-5217-1072-4

Ⅰ. ①成… Ⅱ. ①李… Ⅲ. ①自我管理—通俗读物
Ⅳ. ①C912.1-49

中国版本图书馆CIP数据核字（2019）第202542号

成为极少数

著　　者：李栩然
出版发行：中信出版集团股份有限公司
（北京市朝阳区东三环北路27号嘉铭中心　邮编　100020）
承 印 者：三河市中晟雅豪印务有限公司

开　　本：880mm×1230mm　1/32　　印　　张：9.25　　字　　数：220千字
版　　次：2019年11月第1版　　印　　次：2023年10月第6次印刷
书　　号：ISBN 978-7-5217-1072-4
定　　价：49.00元

推荐语

陈章鱼

知名读书自媒体“章鱼读书”创始人

这个世界上，只有极少数人能活成自己向往的样子。这件事很难吗？其实并不是。只是我们需要更清晰地认识自我和这个世界。路是大多数人都能走通的，可是照亮这条路的灯，却不是人人都有。这本书，就可以成为你的那盏灯。

Sean Ye

职场专栏作家

我和李栩然老师在知乎相逢，我们都十分关注职业发展和个人提升领域的话题。李栩然老师的文字，我尤其喜欢。他不讲特别宏观的大道理，而更擅长以一些发人深省的小故事来影响读者。

李老师的这本书，对于迷茫的职场人有很大的价值。从李老师的文字里，小伙伴们可以探索自己的职业发展规划，发现自己需要修炼和成长的地方，以及自己的不足与稚嫩。这本书值得职场人，尤其是陷入迷茫的职场人一读。我们需要不断思考，才能成长。对于如何思考，你需要李老师这样的导师的建议。

谢春霖

知乎高人气作者

喝烦了鸡汤，想看点干货？很可惜，在这个变化越来越快，不确定性越来越大的世界，纯粹的干货技巧也开始显得力不从心。你需要一套全新的战术体系来看透这层迷雾。李栩然的这本书就努力为你建立这套体系，让你获得这个时代最稀缺的竞争力，成为极少数！

苏也

知乎艺术类话题优秀回答者“了不起的苏小姐”

作为心怀抱负的年轻人，你我在面对这个让人摸不透的社会时，看清事实，看清自己，看清门道，可能并不容易。正是那些有动力、能力和梦想的人，才能成为我们眼里快乐的极少数。在《成为极少数》中，我读到了许多让我感动的故事，虽说故事并不能改变一个人的世界，但若引发人们反思生活，确实能让人找到一些受用的人生经验。

曾少贤

公众号“曾少贤”主笔

李翀然是我特别佩服的一个人，在公众号越来越难做的情况下，他凭借自己的努力，逆势而上，成为公众号职场领域的“极少数”。任何人想要快速成长，单单靠努力是远远不够的。在这本书中，李翀然像是一位认识多年的好朋友，把宝贵的经验一一分享出来，我相信，只要大家认真践行，一定也能成为极少数的人！

高太爷

知乎心理学大V

列夫·托尔斯泰说过，幸福的家庭是相似的，不幸的家庭各有各的不幸。成长精进亦是如此。我们有无数停下来的借口，但也有极少数人坚持每日精进，享受极少数人的巨额红利。我相信很多人会如我一样，感谢李翀然披露的这条底层持续成长逻辑。

白诗诗

《高效学习之道》作者

这本书对底层逻辑和观念进行解剖，逻辑基础十分坚实。这书中展示了许多靠谱的成长方法论。这是一本帮助年轻人持续精进的指南，会让你成为更好的自己。

贺嘉

CEO 演讲教练

我很喜欢书里的两句话："上进，只是一种不断向前的状态。而人生，更应该是一个量变引起质变的过程。""没有去试图突破人生的人，不足以谈上进。"李栩然就是这样一个给大家带来不断积极向上力量的人。

打不死的 little 强

“新职语”创始人

如何成为极少数优秀的人？对于这个问题，往往很难确定一个统一的答案。李栩然老师的书，指出了一条如何从大多数成为极少数的路径。这本书帮助人们寻找自我发展的动力，找到人生方向，收获复利式成长，蜕变为兼具广阔视野和格局的极少数分子。

公周

职场自媒体“公眼观察”作者

与栩然兄相识多年，我可能是他的思想和智慧最早的受益者之一。他时而点拨和指引我，总让我豁然开朗。拜读其新作，文字畅达如春风拂面，说理亲和如兄长絮语，观点精微如明珠星布，是职场类作品中不可多得的用心之作。不论你是初出茅庐，还是小有成就，相信栩然兄的成长论和认知体系，都能为你射出一道兼具理想和务实的光束，照亮你前行的漫漫长路。

自序

真正的成长，都需要你孤独地翻山越岭

01_

我不再装模作样地拥有很多朋友，而是回到了孤单之中，以真正的我开始了独自的生活。

——余华《在细雨中呼喊》

这几年，在职场和个人成长领域，我一共写下了几百篇文章，合计至少百万字。这些文字，有传播很广的，也有从未公开发表的。它们都是我长期阅读和思考的成果。同时，创作这些文章也让我的阅读和思考变得更加深入。我很高兴，它们能以一本书的形式与读者见面。

在这些文字中，我很喜欢两个真实的小故事。这两个小故事，也足以说明我写这本书的初衷。

第一个故事，发生在我有一次回老家的时候。

我带着只有几岁的小侄女去山上玩。山上有很多蝴蝶，我就给她讲了破茧成蝶的故事。没想到小侄女居然已经知道蝴蝶是毛毛虫破茧而出后变的。小侄女问我："毛毛虫在茧里干什么呢？"我故意逗她："它肯定是在睡懒觉。"没想到，小侄女一脸严肃地说："不，它一定是在里面想事情。"我问："它会想什么呢？"小侄女说："它一定在想怎么才能出来，在里面待着多闷、多难受啊。"

这句童真之言，让我一下子就想到了我们每个人的处境。

每个人都有束缚自己的"茧"，未破之前，都过着虫一样的人生。这个茧可能是贫寒的家庭条件，是日复一日单调的生活，是父母无止境的争吵，是失败的婚姻，是毫无起色的工作，是看起来永远也买不起的房子……

在这样的茧里，如果我们睡懒觉，可能并不觉得有多难忍受，但一旦真正开始思考，就会感知到被束缚的痛苦。它困住了我们，使我们动弹不得，于是生活里就有了无数次的无可奈何、一声长叹、心有不甘、痛苦蜕变，而向往的生活似乎永远在别处。

我们怎样才有可能在某一天破茧展翅，真正体会到天大地大、任我飞翔的美妙感觉？答案或许在第二个故事中。

02_

几年前，我和朋友去爬一座山。石阶不算陡，但很长。爬到一半，我们发现旁边有条小路，很多人挤成一团往上走。我们随便打听了一句，才知道这是条近道，又陡又窄，但确实近了不少。

看着一眼望不到头的石阶，我们也跟在了抄近道的人背后。费劲地爬上山顶后，我意外得出了两个结论：第一，这虽然是条近道，但因为大家都知道，所以早就人满为患，排着队爬上去比走石阶上去可能还慢一些；第二，近道其实很崎岖，非常不好爬，费的力气大概也不比走石阶上去少多少。

我后来想了想，大多数时候，我们在生活中听信的所谓捷径、所谓快速成功的方法，大概就是这种一点也不比老老实实走大路省力气的旁门左道。

那么，真正的捷径又在哪里呢？

更早之前，我和一位同学爬过福建的一座山。这座山是当地有名的景点，正常爬上去要三四个小时。不出意外，到山顶的路肯定人满为患，行进缓慢。

为了能早一点爬上山看日出，同学直接带我去了后山。这是他小时候自己漫山遍野到处跑发现的一条路线。

说是路线，实际根本就没有路。天没亮，我俩打着手电，一人拎着一把砍刀就上山了，凭着同学的记忆，就那么一路砍倒拦路的荆棘枯草往上走。有好几次实在找不到上去的路，我们都以为走错了方向。直到最后翻越了好几个小山头，我们才成功地从后山爬到了峰顶，顶着一身露水，看到了日出。

我们花费的时间比走普通路线快了整整两个小时。

在大自然中爬山也好，在职场和社会中攀登也好，道理都是一样的。这也是我想和每位读者分享的理念：真正的捷径，往往都隐藏在不为人知的地方。而在你真正走通之前，很长一段时间里，你都需要孤独地翻山越岭。

真正的成长，一直需要你不断地、孤独地翻山越岭。

03_

这个理念，对我的成长非常重要。当然，如果你只是“知道”了这样一个理念，很可能无法长期坚持下去。事实是，往往只有极少数的人才会持之以恒地自我驱动，持续成长，不断地通过总结、反思、实践，实现一次又一次的自我突破。

我们如何才能成为这样的极少数？

很多时候，我们都会努力学习不少与个人能力提升、职场进阶相关的知识。这些知识当然是非常重要的。它们可以帮助我们具备更强的个体能力，有机会爬更高的山；也可以帮助我们掌握更好的职场生存技巧，让我们的翻山越岭之路走得更稳。但如果只有这些知识，也是远远不够的。

互联网带来了一个极速变化的时代。面对未来的不确定性，我们都会不时产生彷徨之感，怀疑自己是否真的能走通这条山路；过程中我们也难免疲惫，不知不觉在山川之中随波逐流，美其名曰活在当下，内心深处却依然迷茫。

终身成长之路上，我们不仅需要向脚下看，让自己在山间走得更快、更稳，也需要向内看，寻找不断翻山越岭的内心动力；还需要向外看，看清崇山峻岭中真正值得追寻的美景，廓清炫人眼目的障碍；更需要向前看、向后看，感受另一种伟大的力量——时间的力量。

这也正是本书四章内容的缘起：首先，我们需要关注自我这个“点”，拥有持续的自驱力；其次，找到方向“线路”，不断精进；再次，依托平台的横向力量，以及时间的纵向力量，去慢慢获得更立体的成长；最后，我们还需要厘清对个人成长有重要影响的一些基本观念，让视野和格局不断“升维”。

当然，这是一个很大的话题。这本书是一部文集而非系统的专门著作。它能做的，是分享我对于其中一些重要问题的思考。只要它能带给你一些思维和方法上的启发，对你自己的思索和实践有一些切实的帮助，它就有价值。

在这个充满不确定性的时代，希望我们都能拥有自我的确定性，不管顺境，还是逆境，都能勇猛精进，厚积薄发，逆向突破。

这条路，需要每个人自己孤独地翻山越岭。

十几年前的一个清晨，我反复诵读课本里的一段话，至今记忆犹新："夫夷以近，则游者众；险以远，则至者少。而世之奇伟、瑰怪、非常之观，常在于险远，而人之所罕至焉，故非有志者不能至也。"

几年前的那个清晨，我登上那座山的山顶，看见红日初升，又大又圆，美到让人难以忘怀。

更让我感到难忘的，是凌晨翻山越岭赶路的经历。

那一路，披星戴月，荒无人烟。

目录

第一章

自我与动力

第二章

方向与精进

第三章

时间与平台

第四章

视野与格局

第一章

自我与动力

有一个夜晚我烧毁了所有的记忆，从此我的梦就透明了；有一个早晨我扔掉了所有的昨天，从此我的脚步就轻盈了。

——泰戈尔

读书时会有老师，有考试，工作时会有领导，有 KPI（关键绩效指标）来监督你，督促你去完成相应的学习和工作任务。但生活里、业余时我们想做的很多事情，都是没有人会来管你，监督你的。能不能做到，能不能坚持下去并做出成果，全靠自我驱动。

觉醒：

自我驱动的人是不会焦虑的

01_

2012年。北京王府井大街的商务印书馆。

一位满头白发的老人，拎着一个厚重的包找到了商务印书馆外语辞书编辑室。接待他的是一位小编辑。小编辑问他："您要出什么书？"老人说："我想出一本词典。""什么名字？"小编辑问。"《普什图语汉语词典》。"老人回答。

"没听说过啊。"小编辑摇摇头。"大概有多少字呢？"她又问。"200多万。"老人仍然淡淡地回答道。小编辑这下有点震惊了，赶忙去找编辑室主任。

当商务印书馆外语辞书编辑室主任张文英赶到时，老人从包里拿出了厚厚一摞打印的文稿。后来他们才知道，这部体量巨大的"词典"，居然是在路边打印店里打印出来的。在认真翻看完“词典”后，张文英震惊了，应该说，整个商务印书馆都震惊了。

因为，这部词典根本不是什么打印的“路边货”，而是由国家层面决定、商务印书馆正式立项的“国家工程”。在商务印书馆的档案室里，他们找到了关于这部词典的记录：按照全国辞书工作会议的指示，组织编写《普什图语汉语词典》，时间是 1978 年。

这意味着，到 2012 年为止，这部词典编了整整 34 年。

编这部词典的老人叫车洪才，他当年接到这个任务的时候才 42 岁，在北京广播学院（今中国传媒大学）外语系工作，正当盛年。要编的这部词典，是阿富汗的官方语言，非常冷门。中华人民共和国成立以来学习这种语言的不到 100 人，目前长期使用的也就 30 多人。但车洪才不只是要为这不到 100 人编词典，更重要的，是要为国家编写这部词典。

当时和车洪才一起工作的还有一个从河北文化馆抽调来的他的学生宋强民。他们乐观预计这部词典大概需要编个两三年。没想到，中间因为工作调动、人员调整等各种原因，编纂工作不断搁浅。其间，负责此项工作的领导换了一批又一批，商务印书馆也早已不是原来的模样，没有人记得当年曾有这么一个编纂词典的计划。

唯一没有忘的，就是车洪才。

已经退休的他，选择继续编纂词典。等到词典真正编完，车洪才已年近八旬，而他的助手和学生宋强民则在 2000 年就去世了。

2012 年 4 月，去商务印书馆的那天，是车洪才 30 多年来头一次去。他洗好了头，穿上一件棕色的皮夹克，就像是去交一份昨天才布置、今天就完成的工作一样。但没有人知道，这一天，他已经等了 30 多年。

当年，这个故事曾经让我热泪盈眶。

后来，每当我没有动力，缺乏意志的时候，我都会去看一遍车洪才的故事。

34 年前，国家曾经交给他一个“光荣的任务”。但后来，国家都忘了还有这么一个任务，唯有他自己一直没有忘记。没有领导，没有同事，没有压力，没有监督，没有进度要求，也没有最后期限，没有别的原因，也不需要任何理由，他想做的事情，就一定要做下去，自己决定要做的事情，就一定要完成。

这就是自我驱动的力量，也是内心责任和渴望的力量。

02_

这种动力，用一句很流行的话来说就是：老子说出去的话，砸在地上都得有声响。

但我更倾向于认为，拥有这种动力的人，很多时候即使不把话说出来，藏在心底，很多年后，你也会发现他居然真的做到了他当年想要做的事情。这种人，就是传说中的“狠人”啊。这种狠，不是说话做事凶神恶煞，而是只要自己想做的事情（或者说的话），无论如何，也要做到。

什么是自我驱动，说白了，就是有一种自己跟自己较狠劲的精神。

与“狠人”相对的是“厌人”。这种人，既没有言出必诺的责任心，也没有不达目的誓不罢休的勇气，更缺乏败而后战、颓而后振、坚持到底的意志。在他们的思维体系里，最缺乏的，就是自我激发、自我负责、自我驱动的模块。所以，这些人会在事前热衷于“想象美好”“定大目标”，在事中热衷于“找理由”“摆困难”，在事后热衷于“自我安慰”“忘掉不愉快”。

这么多年的社会现实教育了我：晚上烧烤摊前，几杯啤酒下肚，什么牛都敢吹，恨不得飞机都敢自己造，动不动就“信不信，老子哪天就 ×××”，或者“这事我早就想过，改天我就 ×××”，又或者“你别看我现在 ×××，其实我很 ×××”之类的人，基本上，统统不要信。

真正值得信任的人，是不管话说不说，自己都先去把事干了的人。真正敢于对自己发狠的人，话都不用多说。想了不敢做，说了做不到的人，都是厌人。

一件事你筹划得再充分，方案再牛，想象着如果干成了会如何如何厉害，但只要没有最后的结果，便毫无意义。说了做不到，不如不要说——至少，不会在实现不了的时候那么焦虑。

读书时会有老师，有考试，工作时会有领导，有KPI来监督你，督促你去完成相应的学习和工作任务。但生活里、业余时我们想做的很多事情，都是没有人会来管你，监督你的。能不能做到，能不能坚持下去并做出成果，全靠自我驱动。

03_

想要和得到，中间还有两个字，那就是——做到。你只有做到了，才能得到。不要对没做过的事情说没意义。

我的一个高中同学——生哥，当年就是一个纨绔子弟的模样。然而不知从哪天开始，他就像突然转了性一样，一年看上百本书，大学时旁听了大量法学、社会学、心理学的专业课程；每天早上6点多，室友们鼾声如雷，他会悄无声息地起床去操场上跑几公里，风雨无阻；数九寒冬，他在宿舍卫生间里一个人洗冷水澡，一边被刺骨的冷水冻得全身通红，一边大声唱着SHE的《痛快》，就这样坚持洗了4年。

我一直以为，生哥能做到这样，主要是靠强大的意志力。但再强的意志力，也敌不过动力的缺失。强大意志力的来源，一定首先是有了一个强有力的驱动，你的驱动力越强，你就越能集中自己的所有力量。

多年后我才知道，他之所以能做到这样，是因为18岁的某一天他发现，那个他喜欢的姑娘，那个整天被他逗得眉眼含笑的“女神”，其实对他根本毫不在意。这一次强有力的刺激，让他下了一定要出人头地的决心，并在随后的10年时间里，把这种决心变成了生活里无处不在的意志力。

自我驱动，是一种比意志力更本质的东西。它几乎是人的成长逻辑里最底层的心法和思维。这种心法，在心理学里有一个专有名词，叫皮格马利翁效应（Pygmalion Effect）。相传塞浦路斯的国王皮格马利翁是一位有名的雕塑家。他精心地用象牙雕塑了一位美丽可爱的少女，并深深爱上了这位“少女”，给她取名为盖拉蒂。皮格马利翁带着祭品找到了阿弗洛狄忒，祈求女神能赐给他一位如盖拉蒂一样优雅、美丽的妻子。

他的真诚期望感动了阿弗洛狄忒女神。

当皮格马利翁回到家后，径直走到雕像旁，凝视着它。这时候，雕像发生了变化，她的脸颊慢慢呈现出血色，她的眼睛开始释放光芒，她的嘴唇缓缓张开，露出了甜蜜的微笑。盖拉蒂从雕像变成了有血有肉的活人，向皮格马利翁走来。这种心理效应，用大白话来讲，就是：你内心相信和坚持的东西，终会引领你走到你想去的地方。

04_

罗振宇在一次跨年演讲里说，“我们知道，‘躺赢’的时代再也没有了。未来的每一年每一天，都存在着巨大的不确定性。过去我们把这种突然的变化叫作‘黑天鹅事件’，而现在黑天鹅都快成家禽了”。

面对社会趋势的巨大不确定性，最佳的策略就是保持自己的确定性。

不管外部怎么变，自己坚持的东西从来不变。这就需要克服外部环境的影响，克服内心的犹豫、懈怠、彷徨和焦虑。无论外界如何变化，拥有自驱力的人，最后都会去遵从内心，即使面对再急剧变化的状况，再难的困境，也会默默咬着牙，踽踽前行。做一个这样的人，是充实的，是幸福的，也是永远不会焦虑的。

就像那个默默编了30多年词典的车洪才所说：“我不求名，不求利，到现在没拿到一分钱，完全是自己花精力在搞这个东西，评职称什么的都没用过这个，用不上。”

有句话说得好：“不能胜寸心，安能胜苍穹。”

一定要相信：决定你人生高度的不是外在和他人，而是头顶有天，脚下有路，心中有度。

上进：
只有突破才叫上进

某集团下属科研所的负责人，非常厉害。

单位里应该很少有人知道他的过去，至少我进单位后，所有人提起他都是三句话：博士毕业，专业带头人，前途远大的青年领导骨干。

直到有一次，我们集中审核所有人特别是领导的个人档案。深夜里，第一次翻开他厚实得有些不合常理的档案时，我震惊了。因为他的履历，不仅超越了我的想象，甚至超越了我的理解。这个现在厉害到大部分人只能仰望的“专家型青年领导”，最初的学历是中专。

我当时觉得这一定是看了一份假档案。比这还过分的是，他的第一份工作写着：××省 ××市 ××县 ××村 ××小学数学老师。也就是传说中的乡村教师，我查了一下，那个地方在中部省份的山区，是出了名的穷乡僻壤。

一个家境普通、学历很低、工作起点也很低的普通乡村老师，你能想象到的最上进的情况是什么样的？差不多也就是努力教书，努力跳出村子，去镇上、县里教书，然后当优秀教师，最后再担任教育局领导或者小学校长。

可以说，身在任何一个小地方，在这样的基础上，即使要做到这一点，也非常难。在他的档案里，工作前几年也确实是这么过的：在市里的刊物上发表教学论文，获得学校“优秀教师”“全县师德模范”等荣誉。但如果他仅仅是这样，也就不会出现在我们单位里，更不会出现在我的书里。

工作的头几年，他在当好乡村小学老师的同时，还通过函授教育拿下了大专文凭，之后又考上硕士研究生，到后来读完博士，毕业进了我们单位，做出了很多成果，获得了很多荣誉。再然后就是现在这样：某大型科研企业的高层领导，有车，有房，有地位，有关系，有受人尊敬的事业成就。所有人都知道他现在很牛，但没有几个人知道，和现在比起来，他的过去更牛。

你以为这是20世纪的励志故事？你以为这样的经历只会出现在八九十年代的社会里？

不！他是个75后，现在才40出头。他读完博士到我们单位的时候，超女们都刚出道。我所在的单位里，多是清华、北大等名校毕业的学生，甚至还有不少高考状元，也多是勤奋刻苦、努力上进的人，他们的基础都比他好。但大部分人没能在这个年龄段，做到这个程度。然而，我只能描述他的履历和他的成就，但我无法描述他在这个过程中究竟付出了什么。

一个普通的中专生、乡村小学老师，要付出多大的努力才能走到这一步！说真的，我想象不到，也无法想象，他当年的那些乡村小学同事，现在看他是不是就像是在看一个活的奇迹。

当我看完他那本厚实复杂的档案材料后，曾第一次对“天赋”这个东西产生了怀疑。我甚至产生了一个奇怪的想法：这个世界上，是不是真的有开窍这种东西？所以，我对那些起点很低、基础很差，却能走上高位的人，都会心存敬畏。

这样的人，或许在形象气质上带着与生俱来的土气，或许有一些地方让你觉得格调不高，但他们身上一定有某种那些基础更好的人所比不上的特质。

这个人无疑是很上进的，但如果我只是写到这里，那么，也就不过是讲了一个看似深刻实则浅显的故事而已。然后，什么也不会留下。

我所思考的是，他究竟是如何做到现在这样的？因为他所跨越的台阶，所实现的巨大逆袭，在我看来，已经不是只靠上进心或者勤奋刻苦就能做到的了。

这个问题，我想了很久。直到 2018 年下半年，我按惯例参加了单位里的招聘面试。社招的时候，遇到一个应聘者，给我留下了非常深刻的印象。现场我在翻看他的简历的时候，带给我的思考绝不比我上面讲的那位领导少。不是因为他表现太优秀，也不是因为他学历多高，履历多华丽，而是因为他表现出了与他的学历和履历绝不相称的特质——平庸。

他本科毕业于某 985 名校，研究生就读于另一所 985 名校。读书期间，获得过国家励志奖学金，被评为校级优秀共青团员、优秀毕业生，也参加了很多志愿者活动，是学生会干部，研究生期间还在核心期刊上发表了几篇论文。

总之，从任何角度来看，他一定是学校里很上进的优秀学生。至少，比当年读大学时的我要优秀得多。

第一份工作是地方公务员。

第二份工作去了某专科学校教书。

第三份工作去了一家企业做项目。

每一份工作都干得不算差，总有很多奖励和荣誉，比如征文比赛获奖，工会活动拿第一，担任团委委员等；也有不少成功的工作案例，比如成功组织了一场会议，写了一个方案，获得领导高度赞赏，当公务员的时候还获得了“优秀公务员”……但是，在 30 多岁的年纪，他的这种“优秀”早已不符合我们的期望了。因为，有太多基础没他好的人，在这个年纪，不管是个人素质、专业能力，还是取得的工作成绩，都早已超越了他。

他不是不上进，也不是不努力，他只是在不自知的状态下，一步步地滑向了平庸。就像在《三体》里，三维物体总会向着二维平面跌落一样，无论你保持什么样的前进状态，无论你有多努力。

除非，你突破了光速。

正是在把他和前文那个领导做对比的过程中，我才突然意识到，我们很多时候都高估了“上进”对一个人的人生所产生的作用。我们总是觉得一个人拥有上进心，觉得一个人一直向前奋斗，就一定能取得成功。如果他起点低，能够凭此逆袭；如果基础好，则能飞得更高。但是我们忽略了，当你向前迈进的时候，时间也一直无情地、一刻不停地向后流逝。

你 3 岁的时候，为大家表演从 1 数到 1 000，将会获得“天才”的称号。

但如果你经过不懈努力，在 30 岁的时候，为大家表演从 1 数到 100 000，很可能会被人报警抓起来。因为这个时候，谁也不会关心你能数到多少了。

人生有点像环法自行车赛。你必须在不同的时间段里，做出超越这个时间段里你能做到的事情，才算真正的进步。谁也不会记得你在某段路程曾经遥遥领先，在哪个坡道你曾奋力骑行，在哪个拐角你摔倒了仍爬起来继续前进。大家只关心你有没有在这个赛段、下个赛段、下下个赛段甚至人生的总赛程中获得好名次。更可怕的是，这个社会所给予一个人的奖励，也从来不是平均的。

人们不会在赛程中突然给你一个奖牌，奖励你这段注路骑得漂亮。人们只会守在某个赛段的终点，给那些率先过线的人以巨大的奖励，鲜花、掌声以及热情的拥抱。其他的人，在其他时候，颗粒无收。

上进，只是一种不断向前的状态。而人生，更应该是一个量变引起质变的过程。

要么广泛撒网，寻找突破的机会；要么做到极致，每一次坚持都是为了跨上一个台阶。

第一个领导，从中专生、乡村小学教师到大专、研究生、博士，每一步都是人生的巨大跨越，跨到最后，已经没人知道他最初的起点了；后面的那个应聘者，虽然也在不断努力，但每一次都像是在原地高抬腿。

你如果每一次都没有突破，那所谓的“不断上进”，也不过是徒费精力而已。这才是我在这个问题下真正想说的话：没有去试图突破人生的人，不足以谈上进。

动力：
我经常对自己吹牛皮

01_

我想分享对两个问题的思考。

第一个问题，关于捷径。

有很多人问过我关于捷径的问题，其实无外乎就是两类，一类是看不惯别人走捷径，靠关系、靠脸之类上位；一类是自己也想走捷径，想看看有什么别人不知道的窍门或渠道，让自己也能在奋斗的路上省点力气。

我的观点是，如果说在人生成长的过程中，真有什么靠谱的、可复制的捷径的话，那么大概只有一条，那就是有贵人相助。

这种帮助并不一定是物质上的帮助，还可以是技巧、见识甚或精神上的帮助。比如，每届奥运会上，再厉害的运动员也要有自己的教练。这个教练很可能自己取得的成就并不高，但这并不妨碍他能带出一个又一个世界冠军。因为他们能看到你看不到的问题，发掘你的潜力，同时也会潜移默化地影响你。

如果你能在自己成长的道路上，遇到一两个这样的“教练”，为你指明道路，在关键的时刻给你点拨，甚至手把手将你带入某个领域，传授你一身本领，那才是真正的捷径。

这样的人，就是贵人。如果，你对名人传记感兴趣的话，会发现大部分传奇人物在取得重大突破的关键时期，都与某些贵人的指点提携分不开。

02_

老克是我人生中一个非常重要的“贵人”，也是大我十多岁的忘年交。

在职场里摸爬滚打 20 多年，他早已取得了让我难望项背的成就。我在刚工作不久时和他相识，后来慢慢熟了以后，每当我遇到难以解决的问题，总会问问他的看法。

这些问题从如何与领导相处、职业发展怎么设计，到如何看待一些社会问题、看什么书等，他总能从他丰富的人生阅历和更高的视角里，给我一些极富启发性的回答。这种感觉，就像是高中做数学题，苦思冥想找不到思路的时候，老师走到身边讲了下关键点，一通百通，豁然开朗。

这些年，随着我自己年龄的增长和职场经验的丰富，问出的问题经常让老克也有些招架不住。有些时候，他甚至拒绝回答我的问题，因为在他看来，他的那些看法对我可能并没有什么启发。

几年前的春节前夕，我曾经问过老克一个问题："我突然不想干活了，怎么办？"那段时间我忙得疲惫不堪，日夜颠倒导致情绪很差。最重要的是，感觉自己遭遇了职业瓶颈，再努力也难以在短期内实现跃迁。忙完年底工作后，我整个人都很消沉。

老克说："给自己放个假，跑跑步，睡个懒觉，等醒了后，你会觉得全世界都是你的。"但这样的回答，显然并不能让我满意。因为这种"干货"，我随便打开一个网站就能找出几十篇文章。

关于如何调整自己，让自己保持进步的状态，我自己都已经写了那么多心得。但假如有一天写这种文章的人自己都找不到动力的时候，又该怎么办呢？

深入骨髓的疲倦，焦头烂额的杂事，扑面而来的压力，还有就像原本一直绷紧的发条突然断了一样的情绪，都让人倍感无力。是啊，当常规手段都无效的时候，到底还有什么办法能让自己重新振作起来？于是，年后相聚，我又一次问了他这个问题。他在被我逼到没办法的时候，终于给了我一个让我难以置信的回答："说真的，我经常对自己吹牛皮。"

03_

老克说：我对自己说，才40多岁，就混到了这个位子，我爸这辈子在工厂里连个车间主任都不是，我真牛；那个跟我同级的×××，每天家都不回，搞得妻离子散，我还可以经常辅导孩子学习，真牛；我的老板每天不可一世，但一体检就十多项指标不正常，而我能吃能喝能跑，还是牛……你说我都这么牛了，那我还想不想更牛？

"当然想啊，大家都在创业，我也想自己当老板啊。我想每年都去欧洲休假三个月，就在阿尔卑斯山脚下躺着，谁打电话，我都不接；我希望儿子将来考上清华，希望我爸妈身体好……我就告诉自己，你将来可不只是这样，到50岁前你要有自己的公司，到60岁前把公司交给清华毕业、国外镀金回来的儿子，然后去阿尔卑斯山，想滑雪滑雪，想躺着躺着……想完了，想够了，就知道自己还得接着干了。"

老克说得很真诚。对他而言，聊到这个份儿上，就是把压箱底的货拿出来了。我实在想不到，对于像老克这样，已经走到了职场顶峰的人，居然也需要给自己"打鸡血"。

但在和老克认真聊过之后，我才知道，老克所谓的"吹牛皮"，并不是简单的自我安慰。这当中包含了两套成体系的心理策略，而这正是许多像我一样焦虑疲乏的年轻人所缺乏的。

策略一：赏识与认同

即使自己的日常生活再乏善可陈，也需要学会从里面找到闪光点。学校里，不管是优秀的孩子，还是不那么优秀的孩子，都渴望得到赏识。但进入社会，又去哪里找到那么多人来赏识你？很多时候，自我否定才是让自己陷入困境的根本原因。

策略二：目标与意义

目标与意义之间并没有直接的联系，很多事情目标很明确但并没有什么意义，许多有意义的事情，又找不到目标。而这两者的连接点就是自己。是你的存在，你的思考和行动，让一件事的目标与意义有了一个交会点。

这种心理策略对三类人特别有效：一类是自信心不足，因为害怕困难宁愿不去行动的人；一类是做什么都不出色，经常自我否定的人；还有一类是已经取得了一定成绩，但后劲不足的人。

老克压箱底的“吹牛皮秘诀”告诉我的是：自我的激励、自我的认同，能切切实实地产生强大的推动力量。

但要想让这样的心理策略真正发挥作用，而不至于沦为“阿 Q 精神”，还需要关注以下几个关键点。

1. 自己吹的牛，最好默默地吞下去。

韩非子说过：“事以密成，语以泄败。”

理想有时候比女孩子的体重还要私密，你说出来全世界不仅不会让路，很可能还会给你添堵。

公开立下的目标，很多都是被用来打脸的。

自己心里想着什么，憋着一口气干就对了。当你做成了，自然有人为你鼓掌。

2. 并不是每一种牛皮，都值得去吹。

真正的牛皮，应该是每次想起来，都可以让自己双脚战栗，后背渗出汗来，有时甚至还会产生忍不住的尿意。

那些你现在虽然做不到，但一想起来就激动得像个 200 斤的孩子一样的牛皮，才是真正值得对自己吹的好牛皮。

3. 吹一个牛皮只要一分钟，但实现它可能需要一年。

老克在一次聊天时曾经说过，他看很多贪官的庭审录像，总是痛哭流涕地反省自己是怎么一点点被拉下水，一点点腐化堕落的。

最后，老克总结了一句颇为经典的话："你看，连腐败这种事都需要一点点积累，为什么很多人会觉得梦想很容易就能实现呢？"

你吹了牛皮，就要做好至少为其奋斗一年的准备。为了确保在这一年里自己不会忘，最好每天都对自己再吹一遍。

说白了，我们为什么需要对自己吹牛皮？

就是为了在不想努力的时候，给自己以继续前进的动力，然后通过一点一滴的积累，到达瓶颈。

而瓶颈，就是下一次突破的开始。

自律：
围绕目标的自我约束

01_

50 岁的男人低头看了看自己异常臃肿的身材，非常不满意。他决定从今天开始减肥。男人对身边的人说：“希望你们再也看不到我的这副模样了。”

不过，很多人根本不相信这句话。他们看到男人的第一眼就觉得：这个人完蛋了，他永远也不可能瘦下来。

大家这样想，其实很合理。毕竟眼前的这个男人实在是太胖了。他的体重达到 97 公斤，体脂率则是惊人的 38%。而一般成年男性正常的体脂率为 15% ～ 18%。也就是说，他的体脂率已经是正常值的两倍多了。

而且，对健身比较关注的人都知道，年轻人的新陈代谢速度快，所以减肥相对简单，岁数大了则减肥的难度很大。眼前的这个男人已经到了 50 岁“知天命”的年纪，再想减肥谈何容易。所以，在开始减肥的最初阶段，男人自己也觉得“这简直是不可能完成的任务”。他说这就像是一个人在山脚仰望着珠穆朗玛峰，感觉自己永远无法登顶。

令所有人都没有想到的是，奇迹真的发生了。当健身进行到第四个月时，一天，男人的妻子来健身房看他。他告诉妻子：“我现在的体脂率降到了 18%。”他的妻子一边说着“不可能”一边摇头，觉得眼前的景象简直难以置信。

接下来，更不可能的事情发生了。一个月后，男人照例在运动后测量体脂率。这次，仪器上显示的数字让每个人都兴奋不已——9.67%！

要知道，职业运动员的平均体脂率是 10% ～ 11%。他的体脂率甚至低于职业运动员的平均水平。

这个男人，叫作阿米尔·汗。在很多国人心中，阿米尔·汗就是印度电影的代言人。

阿米尔·汗用了短短 5 个月的时间，从一个将近 200 斤的大胖子变成了一个“健美运动员”，整个人看上去也似乎整整年轻了 20 岁。这段经历，不管放在哪里，都算得上教科书式的自律故事。

不过，在我看来，这并不是阿米尔·汗最让人佩服之处。

恰恰相反，他最值得敬佩的地方，反而是他在此之前变胖的故事。变胖的阿米尔·汗，才真正体现了一个人自律的极致。

02_

其实，阿米尔·汗一直以来都是一个标准的运动型男，年轻的时候还曾经蝉联印度马哈拉施特拉邦网球联赛的少年组冠军。所以，当他决定让自己变成一个胖子的时候，他一度非常纠结。

这一切的起因是《摔跤吧！爸爸》这部电影。这部很多人耳熟能详的电影，是根据真实事件改编的，讲述了一位曾经的摔跤冠军辛格培养两个女儿成为摔跤冠军的故事，十分励志动人。当阿米尔·汗第一次看到电影剧本时，他就非常喜欢。

当时的阿米尔·汗虽然已年近五旬，但看上去非常年轻，在银幕上演绎的都是二三十岁的年轻角色。而这部剧中的“爸爸”，则是一个50多岁、身体发福的中年男子。所以，阿米尔·汗看完剧本后并不打算马上参演。他丢下这样一句话：我愿意出演这部电影，不过时间是10年后。他也担心自己在荧幕中的形象会因此而受到影响。

不过，还不到一年时间，阿米尔·汗就反悔了。他觉得自己实在是太喜欢这个剧本了，他必须现在就把它拍出来。对，就现在。

为了表现出一个中年胖大叔的形象，一开始，剧组照常给阿米尔·汗穿起了连体衣。这是很多演员都习惯了的常规做法。但这个做法被阿米尔·汗否定了。他觉得这样的话自己很难真正找到感觉：作为一个演员，“这太不好玩了”。

那么，怎么样才算“好玩”呢？阿米尔·汗应该是这么想的：“我要变成一个胖子才好玩！”于是，阿米尔·汗启动了“自毁形象”的增肥计划。你要知道，阿米尔·汗可是印度版的超级巨星，这不是拿自己的演艺生涯开玩笑吗？

事实证明，阿米尔·汗从来不开玩笑，他只开挂。

可能有人会觉得，增肥有什么难的，而且这算什么自律呢？毕竟“年纪大了什么都不容易，就是容易胖”。吃吃，喝喝，睡睡，很快就会“自然肥”了。

真实的情况是，增肥真的很难。吃吃，喝喝，睡睡，看起来当然很简单，但增肥的实际过程却远远不像想象的这么轻松。阿米尔·汗自己就说，吃吃喝喝很爽，但也很不舒服。因为人在增肥之后，“连呼吸都不一样了。人的肢体语言会发生改变，走路、坐下、站立，所有动作都会变样，一切都变了”。也就是说，你整个人都变成了另外一个人。

阿米尔·汗的增肥过程，绝不只是吃吃喝喝，他同时进行了大量的增肌锻炼和摔跤锻炼，这样才能保证他在减肥之后能够恢复良好的体形。整个过程非常辛苦，艰难程度完全不亚于减肥过程。让自己变成完全不同的另一个人，而且是一个身体状态很不舒服的人，这怎么可能是一件容易的事。

之所以要先讲这样一个故事，是因为今天很多人一谈到自律就会认为，自律就是自我约束，是改掉不好的习惯。其实，这只是自律的表象，是自律的表现方式。一个真正自律的人会意识到，有时候连“好的习惯”“不好的习惯”都只是相对的。

对于要扮演年轻角色的阿米尔·汗而言，保持良好的身材是自律的体现。但对于要饰演年老发福角色的阿米尔·汗来说，坚持变胖才是最自律的一件事情。

我想说的是：关于自律，我们要了解的第一件事情不是别的，而是“目标”。自律不应该是无谓的自我约束，而应该是围绕目标所做的自我约束。没有了目标，每天跑 5 000 米、早睡早起、注意饮食……这些习惯最多只能算养生，谈不上真正的自律。

03_

如果你进一步了解阿米尔·汗，会发现一件很有意思的事情：有时候，他似乎一点也不自律。

2018 年，著名主持人鲁豫到印度去采访阿米尔·汗。两人见面之后，一起坐车前往拍摄现场。路上，阿米尔·汗告诉鲁豫，他昨天晚上在看一本来自中国的书。昨晚他本来应该晚上 8 点睡觉，但他一直看到凌晨 1 点半，只睡了两个小时。

阿米尔·汗熬夜看的是什么书呢？既不是什么专业书籍，也不是新的电影剧本，而是武侠小说——咱们中国人耳熟能详的《鹿鼎记》。

阿米尔·汗一提到《鹿鼎记》，鲁豫也打开了话匣子，两个人马上你一言我一语讨论起这本书的内容。他们看起来活脱脱是两个沉迷武侠小说的学生，为了追小说废寝忘食，不能自拔。这时候，哪有自律什么事儿……

有趣的是，与阿米尔·汗共事过的导演、制片人在评价他的时候，频率最高的词语之一就是“自律”。

著名女导演迪帕·梅赫塔非常赞赏阿米尔·汗，认为“他是明星中非常稀有的，高度自律和专业”的人。《印度拉贾》的导演达梅什·达山用“非常自律，非常守时”来评价阿米尔·汗。《三傻大闹宝莱坞》的制片人维德胡·维诺德·乔普拉认为，“他愿意为电影、为角色百分百付出，这一点很难做到”。

在导演和制片人看来，印度的电影演员经常同时接拍很多电影，所以在某个剧组中，这些大腕只有特定时间才能在片场。这种情况下，演员要进入状态其实很不容易。但阿米尔·汗从来不会如此，“他会在早晨 6 点来到片场，一直待到夜里 2 点。第二天，他又会在早晨 6 点准时回到片场”。

阿米尔·汗是宝莱坞第一位坚持一次只接一部电影的演员。当阿米尔·汗选出某部电影之后，他就会根据需要养成非常严格的习惯。

在拍摄《三傻大闹宝莱坞》的过程中，为了饰演好 22 岁的年轻角色，阿米尔·汗每天 4 点半起床，然后开始打羽毛球，以保持面部肌肉紧致。当时他几乎每天都需要处于长达十几个小时的紧张拍摄状态，但他始终坚持着这个习惯。

在拍摄《未知死亡》时，为了符合人物形象，阿米尔·汗又决定要练出 8 块腹肌。为此他每天坚持三个小时的魔鬼训练。仅仅是俯卧撑，他每天就要做 1 000 个。这样的生活，他坚持了整整一年。

阿米尔·汗压根儿不会"在每件事情上做到自律"，他做的是：选择那些对目标最为重要的事情，然后在这些事情上建立惯性，实现极度自律。

当我们谈自律的时候，不少人可能第一反应就是：制订一个事无巨细的计划，然后严格按照这个计划要求自己，标准化地安排工作和生活。实际上，人的精力是有限的，我们始终需要专注做最重要的事情。自律也是一样。在每件事情上都苛求自律，不仅没有必要，也根本做不到。这种做法或许可以算"苦行"，但不是真正值得提倡的自律。

04_

字典对"自律"一般的解释是"遵循法度，自加约束"。要注意的是，这个"自加约束"并不是自动的事，而是一件需要自驱的事。要实现自驱，则是一个系统性的工程。

如果把人比作一辆行驶的车，车子要保持有规律的行驶，从车子自身这个内部系统来看，需要几个基础条件：目标与方向、行驶速度、良好的车况。对应到人身上，要坚持有规律的行动，也就需要目标与动机、惯性、身体与精神状况这几个要素。

第一，良好的身体与精神状况是自律的保障

一说到自律，很多人往往会想到在健身房挥汗如雨的画面。规律的饮食、睡眠、锻炼，这些确实非常重要。但前提是我们要清楚，这些行为并不等于自律，而是一个人在生活中实现自律的保障。

试着冥想一会儿，你就会发现：如果你没休息好，很可能一会儿就开始犯困，甚至直接睡着了。如果你思绪烦乱或身体不适，你会发现自己比平时更难长时间集中注意力，经常会被其他念头或身体异常的感觉打断。如果你饿着肚子，冥想完毕突然站起来的时候，甚至可能会有眩晕感。

如果缺乏身体的保障，你甚至连冥想这件单一的事情都无法完成，谈何自律！

第二，惯性是自律的重要法宝

在传统的观点中，自律最难的一点，就是要去改变固有的习惯。人们会花很多的时间和精力，告诉你怎么才能改变暴饮暴食的习惯，改变贪吃嗜睡的习惯，甚至改变纵欲的习惯。对

此，我的看法不太一样。既然习惯的力量如此强大，我们为什么非要去选择对抗呢？

更好的方法是另起炉灶，养成一个新的自律的习惯。运用“惯性”这一法宝的关键在于，一定要学会用新的习惯去覆盖旧的习惯。而这些新习惯的养成，离不开第三个关键因素——动机。

阿米尔·汗在拍摄《摔跤吧！爸爸》时，发生了一个有意思的小插曲。一开始，导演打算让阿米尔·汗先把男主角年轻时的戏份拍完，然后再拍中年时的剧情，但阿米尔·汗拒绝了。他提出：“我要先拍完中年时的戏份，再拍年轻时的戏份。”为什么？他说：“如果我最后拍中年时的戏份，拍完后我就真的没有动力减肥了……”

正是因为这样，才有了我们在上面看到的阿米尔·汗先拼命增肥，再拼命减肥的励志故事。

第三，目标与动机才是自律最根本的动力

我一直觉得，没有动机支撑的自律都是不会持久的。你看，即使像阿米尔·汗这么自律的人，也害怕失去动机后自己坚持不下去。

为什么很多人看别人那么自律，自己就是做不到，因为你不会真的知道他们的动机。王健林、李开复每天只睡 4 个小时，章子怡吃泡面只吃 4 口，闫妮瘦成了一道闪电……这样的

自律鸡汤我们喝得多了，但他们会告诉你他们这么做的真实动机吗？我们要想自律，一定不要只去复制他人的模式，而是要找到自己的动机。

之前，我曾经用穷举法去梳理过可以改变一个人的底层动机，从中筛选出影响力比较大的十种动机，这里再与大家分享一下。

第一种：内心深处的极度渴望。

第二种：强烈的情绪爆发。

第三种：郑重其事的仪式感。

第四种：有特殊意义的人、物、事。

第五种：不可推卸的责任和担当。

第六种：异乎寻常的大震撼。

第七种：压力倒逼、物质激励和正向反馈。

第八种：负能量。

第九种：发自内心的热爱与兴趣。

第十种：思维体系的整合。

只有把习惯和你最深层次的动机结合起来，才能够像我们在前面说的那样，把“自律”运用到更重要的事情上。自律要从小事小节中来，但当你进入更高层次的自律，建立大自律后，是可以忽略小自律的。

总的来说，能够帮助你建立自律最好的方法，就是三个字：干大事！

在我看来，阿米尔·汗之所以能那样极其严苛地要求自己，答案就藏在他的一段话里："如果我失败了，没有人再想看我的表演，那我就转战幕后，也许做导演，或者做助理导演；如果那也不行，我就做编剧；还是不行的话，哪怕让我做个剧务也可以。因为我不能离开电影产业，我的生命就在这里。"

习惯的东西最怕没有反馈，人们坚持了半天好像没什么变化，也就不想坚持了。当你定下了干大事的目标，就可以让日常习惯的每一点都变成向着目标前进的一小步。

只有这样，才能赋予日常习惯更大的意义。

专注：
做到勤奋的样子很容易

01_

我认识一个在招生办工作的朋友，他每年都能看到许多考上清华、北大的学生的材料，也有更多的机会接触到这样的天之骄子。见得多了，他经常对我感叹："能进入清华、北大的学生，大部分都是天生的。"

这句话的残酷之处在于，从他所能观察总结的现象来说，大部分能考上清华、北大的学生都是"天赋异禀，基因好"；更残酷之处在于，那些凭学习考不上但能凭借其他本事进入清华、北大的学生，只能说"中了卵巢彩票"。

因为工作的原因，他还去过不少清华、北大学子的家中。

这些人的家庭既有大富大贵的，也有一贫如洗的，当然绝大多数都是工薪或中产阶层。无论是哪种，父母讲起自己的孩子，都是“他从小学习就比较好，我们很少操心”。

他去过的一户人家，父母都是收废品的，可孩子硬生生就是从一个偏僻的小乡镇考进了市里的中学，并从此一路开挂进了清华。

家庭条件那么差，父母也没文化，但他的成绩就是好。

虽然现在名牌大学里的贫寒学生越来越少，但在他看来，并非贫寒家庭的孩子天赋都不好，只能说好的家庭提供了更好的条件，让本就天赋好的孩子更能发挥所长，也就更容易脱颖而出。

就像一块好料，好的打磨能让其成为美玉，但如果深埋尘土、无人问津，时间长了看起来也就是块普通石头了。

他的看法让我很不爽，毕竟就我所知，大部分即使天赋很好的学生，要想进清华、北大也需要付出极大的努力，要非常勤奋才能做到。

我刚说出自己的想法，他就冷冷地反问了我一句：“你难道不觉得，能长时间地保持勤奋状态且能学进去，这本身也是一种天赋吗？”

我一下子就想到了一个人——雷军。

小米上市后，估值近700亿美元。

于是有很多人出来分析他为什么能成功，说来说去关键词都是勤奋，比如6×24小时工作制，经常不眠不休，等等。

所有这类鸡汤，都解释不了一个根本问题：勤奋的人很多，搞 996 的公司也很多，但不仅做不到雷军或小米的成就，甚至根本达不到自己的预期。

再来看看雷军。

雷军于 1969 年出生，1987 年考入武汉大学，用两年时间修完学分，是系里 20 年来“汇编语言程序设计”这门课程拿到满分的两个学生之一；大学期间和别人合写了一个加密程序，在大三的时候就成了那个年代的“万元户”；毕业后觉得市面上关于程序的书水平太低，于是写了一本《深入 DOS 编程》，成了畅销书；23 岁加入金山软件公司，29 岁成了金山公司总经理，并被武汉大学聘为名誉教授，给武汉大学捐了几十万元，这个金额在 90 年代末可以买下北京的一栋楼。

2000 年，雷军拿出 50 万创办了卓越网，2004 年以 7 500 万美元的价格卖给亚马逊，然后几乎是力挽狂澜地将几近破产的金山拯救回来，直到 2007 年金山上市，他身家过亿，功成身退，做起了天使投资人。

后来的事情我们都知道了，2010 年，41 岁的雷军创立了小米，一年后小米手机横空出世，当年销售过百万台，第三年接近 2 000 万台；8 年后，小米上市，上市时估值 539 亿美元……

雷军虽然不是清华、北大的学生，但如果这样的人不叫天才，我不知道什么叫作天才。想想你读大学时在干什么，29 岁的时候能干什么，承认他天赋高很难吗？说实话，大家如果老老实实去看雷军的经历，就会发现他在学习考试、数学推理、计算编程、领导团队、战略思考、市场嗅觉甚至个人魅力上都有太多的优秀特质。

之所以老是拿“勤奋”来说事儿，是因为你很容易就能看到“勤奋”，也很容易就能“模仿”。别人学习 10 个小时，你学习 12 个小时；别人加班到 12 点，你加班到凌晨 3 点。

然后，就可以了吗？

我就想问一句，大家高中时都没有过面对学霸碾轧，再怎么努力都望尘莫及的绝望吗？

如果从雷军这样的人身上，只能学到一个轻描淡写的“勤奋”的话，不好意思，从铁杵磨成针的故事里我能学到一打。做出勤奋的样子很容易，难的是一直保持全身心投入。

02_

所有学习效率和工作效率低的人，都有一个困惑：为什么一到要做事的时候，就会感觉全世界的风吹草动都是诱惑。

当你无法集中注意力的时候，绝大多数的勤奋都只是在耗费时间，成效低下，并且你也会觉得疲惫不堪。勤奋能决定的只是下限，真正决定人与人差距上限的，是你能否长时间将注意力集中到你正在做的事情上，全神贯注。

这才是那些优秀的人身上真正拥有的特质。他们在集中注意力学习和工作的时候，几乎可以忽略全世界，保持全身心投入，高度集中注意力。

更可怕的是，只要需要，他们往往可以一天十多个小时持续这样，经年累月，从不懈怠。这才是隐藏在勤奋表象背后的真正特质，一种更本原的能力——专注。

当我查阅雷军早年经历的时候，发现中学时期的他非常喜欢下围棋，还拿过学校的围棋冠军，而围棋本就是一个需要高度专注的脑力运动。

进入大学后，雷军坚持每天早上 6 点就起床学习，晚上 11 点之后才睡觉，仅用两年时间就修完了武汉大学计算机专业的全部课程。这里面难的不是在自习室里每天待 10 多个小时，而是一整天里都要真正集中注意力，消化吸收学习的知识。很难想象，在那两年里，雷军是怎样日复一日地保持着高强度学习的，何况是在号称“玩在武大”的著名校园里，这需要抗拒多大的外在诱惑！

雷军在设计 BITLOK 加密软件的时候，更是把这种专注发挥到了极致。每天足不出户，只用了两周的时间，就完成了加密软件的所有编码、测试、界面设计以及说明书的工作。

我记得当年看史玉柱的传记时，里面提到他在赚取第一桶金的时候，也是一头扎进深圳大学学生公寓里。除了一星期下一次楼买方便面，他在计算机前待了整整 150 个日日夜夜，写出了曾风靡全国的一款文字处理软件。

当我们穿过这些大佬的巨大财富，穿过他们的成功人生，穿过他们的传奇经历，回到最初的源头，才会惊讶地发现，原来他们一开始就已经具备了日后成功的关键特质。

威斯康星大学心理中心的戴维森教授说："专注于明确的目标，并排除干扰，这是在任何领域取得成功的关键。"

雷军一直保持着专注的特质。和他共事过的人，谈到雷军身上最让人印象深刻的特质都是，他无论做什么事情都全身心投入。

雷军曾总结过小米成功的关键，最出名的叫"飞猪理论"。

现在风口过去，无数猪摔在了地上哀嚎，而真正让小米保持旺盛生命力的其实是雷军另外总结的七字方法论：

专注、极致、口碑、快。

专注是一切的基石。只有专注才能做到极致，才能获得口碑，才能保持快速反应能力。

只是这里的专注，已经不再是雷军年轻时的单打独斗，而是作为一家公司的核心战略。

无论是一个人还是一家公司，要做到抗拒诱惑、抱元守一，都是一件困难的事，而这恰恰才是无数人和公司成功的关键。

就像乔布斯说的："专注和简单是我的梵咒，你必须更努力工作来使你的思想干净、简单，因为一旦你做到了，你就可以移山了。"

10个小时的勤奋，也比不上一个小时的专注。但很多人没有意识到的是，相对于勤奋之类的东西，专注更像是一种天赋，一种自发行为。

我前面提到的那些学霸，则几乎从小学起就总是比同龄人注意力更集中，更能够抗拒外部诱惑，从而能更长时间地保持高效率学习。

现代神经科学研究发现，这种能忽略干扰和抑制冲动的注意力系统，一般在儿童3岁时开始发展，8岁时成熟。

这意味着，绝大多数人的专注能力在很小的时候就已经成形了。有些人（大约10%）甚至天生患有注意力缺陷障碍，他们甚至连一两个小时的专注都做不到。

说了这么多，你只需要知道，现代社会里专注是一种极其稀缺的天赋能力。而稀缺，意味着具备这种能力的人更容易脱颖而出。

我在初中和高中时就开始渐渐地意识到，专注很有可能是一种天生的能力。有的人就是整天学习看书，也不觉得累，更不觉得痛苦。

而我一旦学习超过两个小时，就会感到痛不欲生。上课时，我经常走神，自习时喜欢干别的。教室的门被风吹开，我也通常是第一个转头去看的人。但在高三的时候，因为强烈地想要通过高考改变命运，我终于爆发出了强大斗志。寒假里，我把自己关在房间里，在一盏昏暗的白炽灯下，从早到晚看书学习。南方不供暖，我双手生满冻疮，实在受不了的时候就在院子里跑两圈，累了就睡会儿，睡醒了接着学。那时候我就知道，虽然自己天生专注力不强，但通过意志力，我仍然可以强迫自己保持注意力集中。

后来我看心理学图书才知道，原来专注包括了“自下而上”和“自上而下”两套神经系统，分别对应着“本能驱动”和“动机驱动”。自下而上，比如你跑步、打游戏的时候，不需要做什么也能集中注意力，也不用多努力，这是本能和天赋的领域。而自上而下，就像考试前临时抱佛脚，需要克服内心的懈怠，抵制外部诱惑，时刻提醒自己。如果没有极强的动机，是很难做到的。

你可以反思一下，看这些文字的时候能保持足够投入吗？说实话，大家都到这个年龄了，早过了天赋的积累和开发期，如果还想依靠本能保持专注，几乎是不可能的。

你拥有多强烈的动机，才能在多大程度上掌控自己的注意力。

心理学研究甚至发现，如果人们的动机足够强烈，即使连续三个晚上或更长时间不睡觉，也可以保持敏锐的专注力，但假如人们对自己所做的事情根本无所谓，那么很快就会开始打瞌睡。

03_

这些年，我把自己关于如何通过主动意识增强专注能力的方法总结成了三重境界。

第一重境界：打造有利于专注的环境

我的一个朋友在腾讯做游戏，那是腾讯人数最多的部门。他们这群天资聪颖、每天晚上加班到零点的人，主要工作就是让游戏更好玩，让玩家的注意力更集中到游戏上。

另一个朋友在今日头条做信息流，压力非常大。他以前在广告公司工作。如果广告超过 10 秒钟不能吸引人，人们就会换台。现在，如果一个页面 5 秒钟不能让人看进去，人们可能就会点开别的 App（应用程序），所以他们需要不断研究最能吸引人的注意力的算法，制造更多噱头十足的内容。他最近告诉我，他居然开始沉迷于抖音，有时候就是不小心顺着链接点进去，不感兴趣就立马刷下一个，一不小心一两个小时就过去了。

从商业上看，腾讯、今日头条乃至抖音，它们都是成功的。但对我而言，它们敲响了巨大的警钟。

如果生活的一分一秒都被这些东西占据，人们怎么可能集中注意力。过量的信息消费的是人们的专注力，信息越多，人们越不专注，越分心，越难深入思考，思考的时间越短，就越容易流于肤浅。

所以，对于像我这种天生专注力不强的人而言，最好的方法就是不要给自己脆弱的专注力制造“敌人”，不看、不关注、不安装这些炫人耳目的东西，让自己处在一种更有利于保持专注的环境中。空出的时间，多去看纸质书籍，深入思考。这一重境界之所以最低，是因为它完全依赖于和外界对抗，太被动。

第二重境界：训练进入专注模式

集中注意力和收缩肌肉一样会产生疲劳。这意味着如果天生注意力不强，就不要去尝试看 5 个小时电影或者玩 6 个小时游戏后再学习和工作。

要学会用 80% 的精力去做 20% 的重要工作，更要学会通过有意识地锻炼，做到当需要专注的时候能很快收心，只要想投入注意力，就能投入。

比如有意识地在自己专注能力特别强的时候和某些声音、气味进行关联，当你需要专注的时候，就播放这种音乐、燃起某种香，提醒自己要进入专注模式了。

还比如，在需要专注的时候，用 5 分钟进行一下冥想，平复大脑里纷繁复杂的思维。一旦察觉到自己走神了，就把自己的思绪拉回来。如果再次走神，重复相同的步骤，循环往复。

经过练习之后，停止胡思乱想、保持专一思想会变得越来越简单。长期冥想者的大脑神经联结增多，与有实力的举重运动员拥有完美的胸肌是一样的道理。

还有一种极端方式，就是定期将自己置于某种“危险境地”，这就是很多人热爱登山等危险运动的原因之一。危险运动可以让你的本能来接手对大脑的控制，让你不得不投入全部专注力。

通过这种方式去感受专注力的产生过程，去体会专注力强大的能量，有助于训练自己在日常生活中进入这种模式。

到了这一重境界，专注更依赖于自己内心的训练和法则。这时，你已经可以有意识地控制注意力了。

第三重境界：努力激发专注的心流

我们用意志力支撑专注力，有意识地抑制各种干扰，通过长期训练，专注力就可能从被动行动变为主动行动，本能的专注力就能得到恢复和提升。

甚至有可能因为太过于专注，而进入一种物我两忘、无喜无悲的状态，连时间的流逝都感知不到。

这种强烈的专注力所引发的平和、喜悦的感觉，叫作心流。可惜的是，绝大多数人只有在玩游戏的时候才能有这种体验。当然，心理学还不带任何倾向地推荐了另外一种所有人可以轻易就体验心流的事情——做爱。

除了这两者，人们在做所有需要通过主动意识确保全身心投入的事情，比如看书、学习、工作、写代码等时，都无法轻松进入心流，因为大脑无时无刻不在提醒自己：累了累了，休息一会儿。

在生活中产生更多心流的一个秘诀是把我们的注意力和兴趣结合起来。能做到这一点的人无疑是幸运的，无论在哪个领域，凡是取得巨大成就的人都找到了这个结合点。

另外还有一些产生心流的途径，比如我们在全身心处理一件事的时候，把能力发挥到了极致，达到了“力所能及”的范围，心流也可能出现。

把大脑当成一支军队，心流就是在整支军队战斗力最强的时候出现的。这时，每一个单位都动员起来，冲锋的冲锋，射箭的射箭，运粮的运粮，数以亿计的神经信号川流不息而又井井有条。

那一刻，不同大脑区域之间的神经联结既频繁又精确。在这种状态下，不管我们做什么都能发挥最佳水平。一些著名作家在年轻时经常进入心流状态，文思泉涌，倚马千言，但随着精力衰退，再难进入这种状态，有些人甚至会尝试服用兴奋类药物来找回状态。福尔摩斯也好，柯南也好，他们之所以看似随便走过一个地方，就能关注常人无法理解的惊人细节，也是因为他们能够长期保持心流状态。只可惜，对常人而言，心流永远都是一种可遇而不可求的理想状态。我偶尔才能在工作或写作中进入这种状态，所以无法准确描述那种美妙的感觉。

雷军在无意中描述了第三重境界的专注到底是怎样的感觉：

> 每每坐在电脑前，你就是在你的王国里巡视，这样的日子简直就是天堂般的日子。电脑里的世界很大，编程人活在自己想象的王国里。你可以想象电脑里细微到每一个字节、每一个比特的东西。我写程序的感觉就跟写诗歌和散文一样轻松自如，畅快淋漓。写出一个好程序的感觉，就像完成了一件艺术精品一样！

这才是真正的随心所欲，心之所在无不强，心之所往无不成。雷军成功的背后，原因有很多，但我一直认为，如果只看那些特别明显的表象，分析出来的东西是没有意义的。他已经走到这一步了，他在这一步里无论做什么，你都学不了。我们要学他，就必须要拨开云雾见天日，去追本溯源，看看最初帮助他不断走向成功的“元能力”。这才是我们能学的，也应该学的东西。毕竟，我们向别人学习，并不是为了打败别人，而是为了超越自己。

情绪：

愤怒是可以利用的武器

01_

有一段时间，我所在的办公室离单位一把手的办公室只有“一步之遥”。恢复高考前，这位一把手一直在乡下放牛，后来考进了一所理工类名校。毕业后，他进了一家研究所，一步步从小小的技术员成长为一家大企业的一把手。他有关系吗？有背景吗？

有，那就是他自己。

他现在已经成了很多人的关系和背景，就像那些我们在生活里常见到的某个官二代、白富美那“优秀的爹”一样。但从普通农家子弟走到现在这一步，当年的他除了自己，别无凭借。

我之所以敢这么肯定，是因为我曾详细了解过他的过去。有一次，我被临时抽调去干了一件对我影响很深的事情——审核人事档案。当那些形形色色的领导、普通员工、关系户的档案资料毫无保留地展现在你面前时，从里面真的可以读出太多的东西。

深夜里，我翻开一把手那厚厚的档案盒，一页纸一页纸地仔细查看有些泛黄的旧材料，反复思考他是如何一步步走到现在这个位置的。

我在档案里看到了他的努力，从大学里的成绩到工作初期获得的各种荣誉和表彰，再到当上领导之后无数次带领团队取得的成果……我还看到了他的机遇，恢复高考，考上大学是一次机遇，大学毕业进研究所是一次机遇，从技术员转型做管理是一次机遇，国企改制是一次机遇……

他的经历验证了一句老话：没有任何成功来自侥幸。更有意思的是，从一些犄角旮旯里，我还看到了他一项非常厉害的本事——善于搞团结。

几乎所有的民主推荐和总结评价里，都会提到他善于和大家打成一片，群众公认度高，同事评价好。光看这一点，他简直就是老好人一个啊！

但，也就是这一点，与我现实中的观感恰恰相反。

02_

因为办公室相距不远，工作中我会时不时听到一把手说话的声音。

他的嗓音很响亮，也很可怕。因为凡是能透过墙壁传到我这里的，大部分都是训人的声音。所以在我看来，一把手的脾气并不是很好。

经常有部门经理或者事业部负责人在他的办公室里被训得垂头丧气。

有时候在经理会上，他眼睛一瞪，嗓音一粗，就能把一个中层领导怼得下不来台。所以，很多人都怕他。但就是他这样的性格和脾气，偏偏每次一搞领导测评或者民主生活会，员工们对他的评价都很好，甚至是那些曾被他训得面红耳赤的经理，私底下谈起他来语气里也很尊敬。

难道这些人都是媚上或者刻奇吗？我觉得并不是。

在长期的观察中，我发现他虽然看起来脾气不好，但事实上每次发火都非常有原则。

第一，他从不对普通员工发火

比如，即使我在他面前犯过很多低级错误，他也从没对我说过重话。甚至对那些大白天闯进他办公室无理取闹的员工或者家属，他也从不动怒。他一般只对那些中高层的领导发火。对公司里的绝大多数普通员工而言，他给人一种谨慎低调、如沐春风的感觉。

换句话说，能看到他“另一面”的，仅仅是围绕在他身边的一小部分人，而这些人恰恰又占据着决定公司运转的关键位置。没有一点脾气，能管得住这些人吗？至于普通员工，“我”跟你生得着气吗？生气有用吗？

这也就是我所说的，做大事者不生小气。

第二，重要紧急关头不发火

公司遭遇过一次极其惨痛的失败。一项投入大量人力、物力研发的新产品批量投产并提供给客户后，当客户在竞争对手面前演示时，我们那号称“可靠度高达 99.999 999%”的优秀产品，现场短路，烧了。

退货、赔偿再加上前期投入，损失金额直接上了 9 位数，一把手的肺估计都快被气炸了。

在分析问题的会议上，所有人都提心吊胆，噤若寒蝉。接下来的剧情应该是一把手黑着脸进来，然后一拍桌子，把所有人大骂一顿。

没想到他一反常态，并没有训斥任何人，反倒主动把责任揽到自己身上，亲切慰问那些直接参与研发和生产部门的头头和专家骨干，一脸真诚地鼓励他们不要灰心，要继续努力。只是在快散会的时候，他才忍不住发了一句牢骚——“幸好我们公司不是做食品的，要不然我非得被你们弄进去劳改几回”，这让原本压抑沉闷的会场响起了笑声。

03_

愤怒和生气是每个人都会经历的情绪。总有人会处理得恰到好处，既不会让人觉得自己是一个软柿子，没脾气，又不至于经常被激怒，情绪失控。有些人靠的是天赋，而更多的人则需要在后天不断思考、分析和训练。就像我们单位的一把手，从他身上我学到了很多。其中一点就是，每一个能当上高层领导的人，必然有过人之处。

他让我明白，其实他所谓的“发火”从来都是有的放矢，有因而发，而不是简单的情绪宣泄。

他所有表现出来的情绪，很可能都不是他真实的情绪，至少不是他当下最强烈的情绪。

这时，情绪已经不仅仅是“控制”这么简单了，而是变成了处理问题，解决难题，塑造性格的一种手段。我从他身上观察和分析出来的东西，对我的生活和工作有很大帮助。

我把他处理愤怒情绪的方法，归纳成了四条。

第一条：暂缓处理，而不是不处理

克制愤怒，这是很多人经常说的话。事实上，一味克制只会让身心压抑。我们怕愤怒，因为怕，便会压抑和克制它。问题在于，这种压抑和克制往往只是暂时的，它终究会以另一种方式出现，比如更严重的心理问题或者生理疾病。

那些从小愤怒就被压制的人，长大后往往会变得暴戾冷漠，或者行为怪异。

愤怒就像一座活火山，无论怎么压抑，终究有一天会喷发。当那一天真的来临时，这种积蓄已久的破坏力是非常可怕的。所以，愤怒一定要处理，只不过不是当场处理。

越是愤怒，越是情绪激动，就越不能在现场任其爆发。因为彼时彼刻你的思维往往是混乱的，无论是破口大骂，还是大打出手，最后的局面一定非常难处理。最佳的方法莫过于“让怒气先飞一会儿”。

之所以要暂缓处理，是因为我们需要时间来推论反省自己为何会愤怒，了解它，过滤出所有的成分，从无逻辑中过滤出逻辑，从不合理中过滤出合理。

先冷处理，再想办法宣泄出来。

宣泄情绪的方法有很多，包括运动、冥想、倾诉，甚至按摩等。怒气会使人的颈部和肩部肌肉紧张并引起头痛，自我按摩头部或太阳穴，有助于减少怒气，缓解肌肉紧张。

真正困难的，其实是第一步——如何才能在当场控制住自己。这就需要不断扩充自己的心理容量。像库区蓄水一样，蓄水量越大，当洪峰过境时就越能游刃有余。

心理容量和怒气的爆发是成反比关系的，心理容量越小的人，就越容易怒气倾胸。心理容量较大的人，却能经受较强的刺激而不动怒。

这是一个需要反复提醒自己、不断锻炼的过程，做到这一点就摸到了喜怒不形于色的边角。每一次经历情绪刺激，但能做到当场忍而不发，是扩充心理容量的最佳方法。

第二条：可以转移注意力，但不要迁移情绪

许多人在遭遇负面情绪，或者心里藏着某种强烈的情绪难以排解时，都自然而然地会去尝试转移。

这是一种成本低、效果好的方式，比如心情不好时去吃火锅、看电影甚至睡懒觉。但很多人并没有将转移注意力和迁移情绪区分清楚。

很多人都听说过“踢猫效应”。一个人被领导骂了，就去骂他的下属，下属只能回家骂儿子，儿子被骂了也很恼火，便将自己家里的猫狠狠地踢了一脚。最后，只有猫没办法转移怒火，只能“喵”一声，以示愤怒。

这是空间上负面情绪的迁移过程，即坏情绪是可以不断传递的。

我发现更可怕的是，一个人的负面情绪在时间上的迁移。

我相信，人们对这样的场景并不陌生。两口子吃饭，男人突然对菜的口味横加指责，女人感到莫名其妙，因为平时也是这种口味，于是忍不住反驳。等两个人吵累了，女人才发现，男人发火跟菜没有一点关系，其实是因为前两天她花钱太多了。

他忍了两天，终于憋不住找了个由头发泄了出来。

很多人面临负面情绪，特别是诸如愤怒这种特别强烈的负面情绪时，如果当场压抑，事后又没有得到正确的宣泄和开解，最喜欢做的就是将这种情绪迁移下去。但很少有人意识到一点，我们迁移情绪的对象往往都是经常打交道或者身边最亲近的人，比如父母、孩子或者朋友。

他人让你爆发负面情绪，但最终却由最不该承受你的怒火的人承受了。

这，就是所谓“假聪明”。

第三条：为反应过度道歉，而不是为愤怒道歉

这是一种有点厚黑的心理战术。即便再会调节情绪，再会控制自己，情绪也总有压抑不住的时候。如果那一刻你脑子一热，激烈爆发出来，说了不该说的话，做了不该做的事，那一定要记住：事后，不要为你的愤怒道歉。因为，为愤怒道歉，其出发点是“你不该愤怒”，这就从源头否定了你的所有行为。事实上，绝大部分情绪失控，都一定是有某件事情强烈地刺激了你。你愤怒，一定有理由。

如果一切正常，你又何必发那么大的火？所以，正确的做法应该是，为你“愤怒后的行为”道歉。

两个人吵架后，你如果说“我刚才不应该生气”，那说明你从一开始就做错了，你变成了错误的一方。

你要表达的应该是“我应该生气，但我不应该那样做”。

做错的是对方，你生气没有错，只不过反应有点过度。

这在男女交往中，最容易得到应用。

多数男女吵架时，不管哪一方一开始占理，但只要另一方做出过激行为后，多数时候都会演变成对过激方的单向指责。而许多过激方，也从有理说不清变成了无理瞎取闹，搞不好最后还得送礼物，请吃饭，才能换来对方的“原谅”。

那你的愤怒和生气还有何意义？

愤怒，永远都不是只发泄情绪，而应该是表达态度、处理问题的一种手段。就像我在一本关于外交的书里看到的一段话：“做外交可以发怒，但一定是先想好的，决定发怒，再发怒。也可以发表愤怒的文章，但哪一篇文章不是在冷静的情况下写成的呢？”同样，也是在这本书里，美国的外交官们这样评价日本人：“在谈判桌上，你无法激怒他们，所以很难占日本人的便宜。”这，就是所谓的“心术”。

第四条：表达愤怒，而不是表现愤怒

相对于前面的三条，这一条已经是战略思维层面的东西了。

完全没有脾气的人，在这个社会上生存会非常累。你必须学会恰当地表达自己的不满，学会生气。只不过这种愤怒也好，生气也罢，实际都是经过自我修饰后的产物，并不是你当下最真实的情绪。

看《三国演义》的时候，你会发现里面的曹操、孙权、刘

备等，动不动就会大怒或者大喜。事实上，他们大喜的时候并不是真的大喜，大怒的时候并不是真的大怒，他们只是在需要的场合准确地表达出了最适合的一种情绪。比如，刘备“怒摔阿斗”，他的这一“怒”，就收服了赵子龙这一员猛将的心。

人生如戏，全靠演技，最高的演技就是把情绪给演出来。只有当你把愤怒的情绪当成是表达自己态度的一种方式时，你才能真正拿捏到位。周围的人，也能从你的情绪表达中了解你的内心感受，他们会觉得更易与你沟通，你的个性也就更为鲜明了。

反之，如果你永远不生气，对方将永远不知道自己错得有多严重，也永远不知道你的底线在哪里。

这就像是我前文中提到的一把手，当他训斥下属时，他真的有那么生气吗？他不过是通过这种方式，来表达对某项工作的不满，甚至这只是他御下的一种方式而已。

事实上，当工作真的出现大问题，他真的快暴跳如雷的时候，反而不会让这种真实的情绪表现出来。

这，就是所谓的“城府”。

立身：
在 30 岁想明白、活清楚

01_

这是吴晓波在《激荡三十年》中记载的一段场景。

1984 年冬，北京的气温比现在要低一些。

一大早，中国科学院计算机所的一名人事干部按时上班了。走进办公室前，他先到传达室拎了一把热水瓶，跟老保安开了几句玩笑，然后从写着自己名字的信格里取出了当日的《人民日报》。一般来说，他整个上午都将在读报中度过。过去的十多年里，在这个曾经参与研制过两弹一星的老牌国企里，他一直过着这种清闲如水的生活。

企业里只有 150 多人。可悲的是，因为对科研并不太感兴趣，他在这 100 多人里也默默无闻、毫不出众。但就在 1984 年的冬天，他下定决心要改变这种一成不变的生活。

他联合了单位里的几个同事，一起创办了一家毫不起眼的公司。为了省钱，公司的办公地点就设在计算机所的传达室里。这一年，他已经 40 岁。整个公司 11 个人，全部都已经过了 40 岁。怎么看，这都是一帮“油腻”的中年人不甘寂寞在瞎折腾。折腾的结果是，就在这个不到 20 平方米的传达室里，诞生了一家《财富》世界 500 强公司——联想。

这个 40 岁才创业的中年人，叫柳传志。

30 多年后的今天，联想集团一个月的营收已经和一个县城一年的 GDP（国内生产总值）相当。

柳传志也早已成为家喻户晓的传奇人物。

三年后，另一个和柳传志同龄的人，才第一次正式开始了自己的创业。这个比柳传志创业还要晚的人，名叫任正非，他创办的公司叫华为。

在这之前，任正非的职业是基建工程兵。

这两个“大器晚成”的人颇有惺惺相惜之感。据说，任正非每次到北京中关村，只见一个人，那就是柳传志。

02_

我写下柳传志和任正非 40 岁后才创业的故事，并不是想写一个大器晚成的励志故事。

恰恰相反，我想要说的是，这样的故事，在任何时代都是少数。绝大多数人，到了他们这样的年龄，人生就已经没有太多意外了。

他们之所以这么晚才创业，过了40岁才跨出改变命运的关键一步，并不是因为他们到了这个年龄才想着改变，而是直到他们已经在蹉跎中到了这个年纪，国家和社会才给了他们能够有所改变的大机会。他们是被一些“弯路”耽误了青春的一代人，但90年代后的中国已不再是这样。

在柳传志创业10年后，1995年，一个跟当年柳传志处境很像的年轻人也做出了和柳传志同样的选择。他从宁波邮电局辞职，花1 000多块钱买了张飞机票，飞到了广州。他的梦想是做一个小老板。

3年后，这个叫丁磊的年轻人，创立了一家名叫网易的公司。而足以让柳传志汗颜的是，这时候的丁磊才26岁。有意思的是，就在丁磊辞职的前一年，有一个叫杨致远的人，创立了一家名叫雅虎的公司，正好也是26岁。更有意思的是，这家公司后来一度做得非常大，市值数百亿美元，大到很多创业公司都没被它放在眼里，在可以收购这些公司的时候雅虎丧失了机会。

其中有两家创业公司，一家叫谷歌，一家叫Facebook（脸书）。

但在雅虎风光不再的时候，反倒做了一笔伟大的投资，那就是以10亿美元投资了阿里巴巴。

正好也是在那一年，后来创立了阿里巴巴的马云，刚满30岁。在杨致远创立雅虎的时候，他正在严肃而认真地思考自己该何去何从。一年后，马云从杭州电子工业学院正式辞职，成立了中国第一家商业网站“中国黄页”。然后带着这个听起来很有“内涵”的正经网站，四处推销。当时，央视《东方时空》跟随马云拍了一部专题片——《生活空间·书生马云》，记录了马云在北京推广中国黄页，却到处被人当骗子的窘境。刚过而立之年的马云，坐在车里非常沉默，疲倦而伤感。

在离开北京时，他发誓说：“北京，我一定会回来的！再回来时，北京一定不能这么对待我！”

多说一句，当时给马云拍片子的人名叫樊馨蔓，那年29岁，后来嫁给了张纪中。

人生真是充满了让人唏嘘的巧合。

03_

中国现在的变化速度比90年代时快得多。一茬茬的年轻人冒得比雨后春笋还快，关于00后创业的文章看得我都不禁老脸一红。

因为互联网的存在，10来岁的孩子就已经有了更早了解社会、参与社会的机会，拥有了和世界对话的平台和可能。

在知乎上，我和小我10多岁的外甥女可以一起谈论一个问题，她获得的赞数比我还多。我是已经工作多年的老鸟了，而我的外甥女刚上高中。

长江后浪推前浪，前浪表示甘拜下风。

2018 年春，联合国干了一件挺不地道的事儿，他们把 1992 年出生的人定义为中年。

于是，30 岁上下的我，也在毫无准备之中，快速地向着中年大叔一路奋进。和 30 岁的马云一样，这段时间里，我一直都在思考着关于“三十而立”的问题。所有的问题可以归结为三句话：三十而立，什么叫立？立什么？靠什么立？

就是在思考的这个过程中，我发现了一件让人悲伤的事情。

历史上，大部分有所成就的人，往往都是在 30 岁左右跨出了最关键的一步。像柳传志、任正非这样到了 40 岁还能改变命运的人，真的少之又少。

更让人悲伤的是，我发现，还有很多伟大的人物，在 30 岁之前就已经完成了伟大的成就。

比如 30 岁前完成全部研究，以至于之后主要专注于吵架和研究神学的牛顿，还有 30 岁就依靠写作获得不朽名声的爱伦·坡……

他们在 30 岁以前就攀上了巅峰，后面的时间就是站在别人不可企及的地方，俯瞰众生。我们绝大多数人，不仅没能在 30 岁以前登上山顶，甚至刚到山脚下，就已经开始不可避免地走下坡路。

首先最明显的是精力下降，大学的时候连着一个星期通宵玩游戏一点事都没有，现在工作偶尔通宵加班，几天都缓不过劲来。

随着精力下降的，还有记忆力和学习的状态。上课、考试对绝大多数30多岁的人而言，都是一件艰难的事情。

与此同时，身上的担子却越来越重，束缚也越来越多。

单位里的领导，家里日渐衰老的父母，年幼的子女，疏离的亲友。除此之外，还有支离破碎的个人时间，相隔万里的故乡山川……那些年少时气吞山河的梦想，都已经默默地咽了下去，沉到心底，悄无声息地成了吹破的牛皮。

《世说新语》里，谢安对王羲之说："中年以来，伤于哀乐。"已经很伤感了，更伤感的是王羲之的回复："年在桑榆，自然至此。"翻译成大白话："这很正常啊老铁，年龄到了这个阶段，都这凤样。"

04_

这一切，都指向了30岁时不得不面对的一个词——困境。

王小波在《三十而立》里描写过这种困境："忽然觉得生活很无趣，上班下班、吃饭排粪，连做爱也是其中的一环，一切按照时间表进行。"

30 岁的人之所以那么焦虑，就在于他们中的大多数，都已经清醒而明了地看到了接下来的几十年要过的生活，就像是按部就班地完成了一场已经写好了剧本的人生长戏，无惊无险，不喜不悲，有始有终。但如果只是看到也就罢了，真正让人进退两难的是，他们也同样知道，在人生最终定型之前，其实还有改变的可能。

借用吴晓波在《腾讯传》里写过的话："我们是被焦虑统治的一代，我们的人生与国家一样，一直发育在一个巨大的、'不确定的繁荣中'。"关键处就在这个"不确定"，机会就像河里的泥鳅，处处可见，却很难抓到。从这个角度来说，30 岁几乎是实现人生逆袭最后的机会了。

一位资深人力总监曾对我说过，30 岁是一个人职业发展的黄金分割点。30 岁以前精力充沛但经验不足，30 岁以后经验丰富但拼劲不够。

30 岁，恰好在各方面取得了一个平衡点，一个喘息之机。

进一步必将千难万险，退一步则可能万劫不复。

05_

现在来看，在这个时代，所谓的"三十而立"不是告诉你，30 岁的时候做到了什么，就可以叫"而立"了；而是提醒你，到了这个年龄段，应该干点什么，自己心里该有点儿数了。

这些思考，最终被我概括成了 18 个字。

想清楚，活明白

30 岁了，再没有更多的时间和空间让你去迷茫了。在 1995 年那部记录马云北漂的纪录片里，马云在公交车里说过一句话："再过 5 年，你们就都知道我是做什么的了。"他之所以敢这么说，是因为他清楚地知道自己在做什么。

正因为清楚自己想要什么，所以能义无反顾地投身其中，就像王小波《三十而立》写的："以后我要真诚地做一切事情，我要像笛卡儿一样思辨，像堂吉诃德一样攻击风车。无论写诗还是做爱，都要以极大的真诚完成。"

活明白，意味着 30 岁的人该有自己的思维体系了。

思维的方式不再是单一的线性思维，而是平面的、立体的，不会轻易被情绪和他人的言论左右，看问题，想事情懂得利用各方面的信息和经验，学着看透层层掩饰下的真正立场和目的，更懂得用自己的思考来印证实践。

想清楚，意味着 30 岁的人该有自己的目标了。

这种目标不是"先挣一个亿"之类的宣言口号，而应该像是打仗时"攻下那个山头"一样的计划。

不仅有清晰的目的，还要有详细的作战计划，知道面对的是什么情况，知道自己手里有什么牌，进攻的时候部队如何行动，分成几个阶段，备用的方案是什么；而不是空有满脑子不切实际的幻想，无头苍蝇般打乱仗。

更要紧的是，这个目标一定得是一个能真正挖掘出自己全部潜力，能激发自己全部动力的终极目标，明白自己到底想要成为什么样的人，过上什么样的生活，实现什么样的价值。

想清楚了自己要干什么，然后就要清楚该干什么；知道该干什么之后，就明白了自己不该干什么。

吃得苦，受得辱

30 岁了，应该明白一切的获得都是要付出相应代价的。

现在大红大紫的郭德纲，不知道还有多少人记得他 30 岁的时候曾参加过的一个节目——《超级大赢家》。在这个节目里，郭德纲承担了“丑角”的戏份。

节目里有一期安排郭德纲做一个挑战。他被关在街边商店的橱窗里，天气很热，郭德纲像供人观赏的猩猩一样，在里面吃饭睡觉两整天。中间有好几次，他情绪濒临失控，不断摔东西，踢东西，甚至和工作人员说：“这不是人干的活儿，别拍了，我不干了。”不过最后他还是忍住了，扛了下来，直到最终挑战成功。我们现在看着郭老师风光无限，很难想象他在当年这段辛酸的经历里有过怎样的屈辱感。

在一次采访中，郭德纲说：“吃亏要趁早。”

如果 30 岁的你吃不了这种苦，忍不了这种折磨，别指望

40 岁的时候能做到。吃得苦中苦，受得辱中辱，才说明你不仅有了目标，还有了为目标挑战一切、忍受一切的强大意志。这虽然不一定就能让你成功，但却是很多人实现成功的必要条件。

不物欲，不满足

30 岁了，应该明白物质是生活的基础，但不是全部。

马云第二次辞去公职的时候，面临很多的选择机会。前面提到过的雅虎当时正如日中天，想聘请马云任雅虎中国总经理，新浪也重金邀请马云加入。

随便选择一个，马云都能快速实现财务自由，短期内就能过上非常富足的生活。但他全部拒绝了，选择回杭州创业，跟着他回去创业的“十七罗汉”也放弃了优渥的物质生活，他们的月工资只有 500 元，最穷的时候银行卡里只有 200 元。

不图小利，必有大谋。30 岁的人，大部分都已经有了一定的物质基础。在这个消费主义盛行的时代，如果稍有成就，收入刚比以前高一点，就开始陷入奢华生活的“安乐窝”里，那就很难再有继续前行的斗志了。

不物欲的意思不是完全不追求物质生活，而是延迟满足，就像心理学研究发现，小时候手里捏着一串葡萄，选择从酸葡萄吃起，而把最甜的葡萄留到最后再吃的人，往往日后能获得更大的成就一样。

在物质上懂得延迟满足的人,在面对诱惑时更能坚持想法,在奋斗的路上也会走得更远。最甜的葡萄要留到最后吃,更要相信,最后吃的那颗一定是最甜的葡萄。但就像马云说的:“我看见很多优秀的年轻人,是晚上想想千条路,早上起来走原路。”要真正实现自己心底最深层的目标和想法,还是要靠一点一点、一步一步的行动。

因为,最让人抱憾一生的,不是“我做不到”,而是“我没试过”。

第二章

方向与精进

你问我有哪些进步？我开始成为自己的朋友。

——阿兰·德波顿

这几年，我在观察我身边的同学和朋友时，发现一个趋势越来越明显：那些从小好好读书，考上好大学，毕业跟风进了大国企、知名外企或考上公务员的人，越来越感到后继乏力。他们各方面素质都很不错，基础也很好，所以在毕业之后的前 5 年，无论是社会认可度还是收入，他们一路领跑。但在毕业 5 年后，不少在学生阶段表现并不突出的人，后来居上，弯道超越。这些后来居上的人，大部分都拥有两个特质：要么是有一技之长，要么就是在自己感兴趣并且擅长的领域里全身心地耕耘。

这种能帮助我们脱颖而出的一技之长，越往后走，越会成为决定你人生成就高度的决定因素。

它们就是人生的“撒手锏”。

思维：

建立这三个思维，增加竞争优势

01_

第一，不要等枪响了再跑

这实际上是对我们学生时期的各种教育下已经固化的思维的解构。大概从小学开始，我们就已经学会了在比赛跑步时所有人站成一排，待老师的发令枪或发令哨一响，所有人开始跑，要是谁抢跑了，就得全体重来，抢跑的人还得挨老师一顿骂。但进入社会以后我们就知道，这个社会上，从来就不存在起跑线这个东西。谁也不可能和你站在同一条起跑线上。

上学的时候，可能小城市的孩子一直要到小学甚至中学才开始正经八百地学英语，而北京等大城市的很多孩子，幼儿园毕业就能和外国人对话了。很多人要等到上大学才可能第一次离开家乡，而也有很多小孩，还没上小学就开始出国旅行了。

我的一位大学同学，父母在老家做生意，是当地小有名气的老板。在他读大学的时候，他的父母就想办法为他在大城市买了一套房。到他毕业的时候，又为他付了首付，按揭购买了第二套房。工作以后，在大部分同学还在为糊口度日而一点一点地拼命存钱买房的时候，他就已经轻轻松松地开始为自己真正想过的生活而努力了。

当年，有那么多文章告诉你，“不要输在起跑线”上。问题是，当你真正进入社会时，起跑线在哪儿？

所以，不要再等着领导开完会，布置好工作，才开始磨磨叽叽地找状态。

工作中一定要有抢跑思维。每一次的长假结束，其实都是一次抢跑机会，你比别人早进入工作状态，就可能积累更多的竞争优势。

我从工作开始，就一直有这样一个习惯。为了避免每次长假后到公司第一天的空虚和痛苦，我一般都会提前一天去迎接这种空虚和痛苦。

只要时间允许，我会在长假结束前的最后一天下午到公司，先努力回忆下节前自己都干了什么，整理整理走之前如同打了败仗一样乱七八糟的办公桌，补充工作日志、备忘录之类的东西。

最重要的是，为接下来的一周工作做计划、分工和准备，按照“紧急且重要，紧急不重要，重要不紧急，既不重要也不紧急”四个象限，简单地将第二天上班就要做的工作分类，把需要用到的文件、材料先打开熟悉一下。

一方面，这让节后上班第一天的痛苦没有那么猛烈；另一方面，当节后第一天大家都处于混乱状态时，你自己的工作如常开展，这很容易让你脱颖而出。这就是“弯道超车”。

虽然每年长假只有两个，但周末却有很多。当你习惯了这样的思维方式，就会明白：其实最好的加班时间，不是周六（那是在延长你一周工作没有完成的痛苦），而是周日的下午，只需要几个小时的时间，就可以帮助你开启新一周更好的状态。然后再好好吃一顿犒劳下午加班的自己，晚上也能睡得更加心里有底，更加心安理得。

02_

第二，打扫干净屋子再接活

很多人都有这样的感觉，当屋子乱糟糟的时候，不仅不想接待朋友，甚至自己都不想待在家里。工作其实也一样，你在工作的同时一定会并行地做很多事。这些事又往往千丝万缕地交织在一起。它们方向不同、进度不一、要求各异，到后来往往缠成一团乱麻，你不知道到底什么最重要。

当你自己的工作千头万绪、乱七八糟的时候，你最希望的一定是逃离。

问题是，有人的地方就有江湖，有社会的地方就有工作，你逃得了吗？所以，一定要学会定期清理工作中的冗余，想明白这段时间最该干的事情是什么。这样的清理和思考，最适合的时机，就是在长假结束后。不妨利用上班后第一周里的某个晚上或者周末，好好地梳理一下工作，清理掉那些乱七八糟的文件材料。

这个过程就像按照“断舍离”的原则清理房间一样。一件件地看，一件件地扔，将冗余的、琐屑的、过期的文件材料全部扔进回收站或者碎纸机。这样，你才会重新定位真正值得你去做的，真正需要你去做的事情。此外，要想让生活和工作不至于从一开始就很混乱，一定要学会消除外在干扰。

我曾经无数次反思，对个人而言，时间之所以被浪费，是因为外部干扰太多，并且你在面对干扰时犹豫不决。

新的一周，你在上班路上就已经做好了今天要完成某些任务的计划。早上例会时领导随意的一个安排就可能打乱你的计划。周末原本想好要学点什么，朋友临时的一个电话、一个约会也很可能让你功亏一篑。

很多人问我：“这样的困境怎么破？”答案其实很简单：减少无效社交，希望所有人都能学会“社交降级”，再难，也一定要说“不”。如果不懂拒绝，什么活儿都接，什么聚会都参加，你很可能永远也没时间完成自己想做的事。如果你手里真的有重要任务要完成，可以人为制造一个“封闭空间”，关掉手机，不收邮件，不接电话……一个完整时间段里只专注一件事。

03_

第三，确立一个目标——明年不要确立同样的目标

先说说为什么大部分人的新年计划都完成不了。这里的原因太多了，目标定得太高，计划赶不上变化，家里人不支持，干到一半发现方向错了……而那些能完成新年计划的人，原因往往只有一个：他们想清楚了要干什么，然后就去干了。

这就像马云所说：所谓的人才，就是你交给他一件事，他干成了，交给他第二件事，又干成了。任正非也说过类似的话：茶壶中煮饺子，倒不出来，不产生贡献，就不能得到承认。能完成就是能完成，完不成就是不行，哪有那么多理由！所以，关于每一年的计划，你一定要相信，从概率上讲，绝大部分人就是完不成。

我在一本心理学图书里看到过一项统计：25% 的自我改变计划会在立誓之后 15 周左右落空。接近 25% 的下决心者在第一周的后期就放弃了誓言，尽管他们当初打算坚持半年以上。

有很多人特别喜欢选择一个诸如新年伊始的特殊时间，以立新年誓言的形式企图开始改变自我，内容大多是关于消除不良习惯、重塑健康行为等。其中有 60% 的人会在下一年立同一个誓言。

也有一小部分人，就是能完成自己确立的目标，无论过程中有多少艰难险阻和意外，到了年底，他们总能兑现自己的诺言。

根本上来讲，就只是看你想要选择做大部分人，还是做小部分人。

要想出众，就一定不能从众。

04_

拥有了这样的信念，那些确定目标、计划的好思路和好方法才会真正起作用。

比如 SMART 法则。

这个法则基本概括了所有介绍制订计划的文章中的全部干货。

SMART 是 Specific、Measurable、Attainable、Relevant、Time-based 的首字母缩写。

S 代表具体的。

M 代表可度量的。

A 代表可实现的。

R 代表相关性。

T 代表有时限。

以 SMART 原则来判断衡量自己的计划往往是行之有效的。

举个例子，今年，你的规划是去美国留学。

现在，我们用 SMART 原则来重新定义这个规划。

1. 从具体的角度重新定义。你的目标是去美国留学，所以规划首先应该改成通过托福考试。

2. 从可度量的角度重新定义。你已经发现，为了通过托福考试，自己的核心任务是扩充词汇量，所以按计划每个月完成多少个单词就是你度量的标准。

3. 从可实现的角度重新定义。你发现自己英语底子不差，且距离考试前的准备时间还充足（不是自我感觉，而是请教过专业人士以后得出的结论）。

4. 从相关性的角度重新定义。基于自己之前的英语水平，你要区分的是，扩充的词汇量是基础词汇还是核心词汇。如果是后者，你可以选择《TOEFL 核心词汇 21 天突破》之类有针对性的词汇书。

5. 从有时限的角度重新定义。你显然不能把所有的时间都用来扩充词汇量，至少应该在总时间的一半内搞定词汇，剩下的时间用来实战应用，不断巩固。

现在我们再来对比一下前后两份新年规划。

版本一：去美国留学。

版本二：在 × 个月内，搞定 ×××× 个 TOEFL 核心单词，通过 2019 年 × 月的托福考试，赶在 × 月秋季入学季去美国留学。

这样一对比，规划的可操作性一目了然。

就像一句老话说的："想不到的，做不到；想不清楚的，做不好。"

我无数次强调过，任何事，最怕的就是议而不决，谋而不断，光想不干。

规划：

业余时间怎样不失控

01_

最近，有个学弟告诉我，他加入了一位大V建的微信群。大V给群里的人列了一个书单，一共有50本书，让大家在业余时间学习交流。

我问他：“学得怎么样？”“不怎么样，哎，几个月了，只看了几本。”“为什么啊？”“一方面，大V开的书单不一定是自己喜欢读的，好多都读不下去；另一方面，业余时间根本不够用。有时候要加班，有时候要聚餐，周末还要陪女朋友逛街、看电影……”

关于时间，很多人有这样的疑问：“总感觉自己的业余时间都被浪费了，不知道怎样才能充分利用。”“好多牛人都强调在工作的8小时之外，要注重个人提升，你能否分享下怎么提升。”

看到这些问题的时候，我想起了刚工作时自己是如何利用8小时之外的时间的。

我在大学时十分颓废，通宵打游戏，白天则用大把的时间睡觉，典型学渣一个。一直到大学毕业前夕，我才慢慢调整过来。等到工作后，我下定决心要改变自己，除了每天认真工作外，业余时间也在不断提升自己：跑步，游泳，练武，上培训班，参加演讲聚会，看书，做笔记，研究怎么买衣服，学着用护肤品，美白，去痤疮……

也正是在这段时间里，我真正感觉到自己各方面都在提升，工作效率更高了，人也更自信了。后来，我在总结那段过得最充实的日子的时候，发现其实一开始我只做了两个小改变：一是不玩游戏，二是不睡懒觉。

晚上不玩游戏，至少为我腾出了每天三四个小时的空闲时间（玩过网游的人都知道这有多耽误时间）。因为不玩游戏，不用熬夜，自然也不用在白天睡懒觉了。

是不是就彻底放弃休息和娱乐了呢？当然不是，工作的8小时已经够累了，业余时间全部用来学习提升，别说你做不到，就算你做到了，身体也吃不消。

人是需要张弛有度的。

在这方面，我只是变玩网游为玩单机游戏（单机游戏可以控制每次玩游戏的时长），将平时睡懒觉的时间挪到周末（每周六基本都会睡个懒觉)，等习惯了这种生活之后，我突然发现：我怎么多了这么多业余时间！

02_

这时，我才开始慢慢将这些业余时间进行切割。

我每晚都会用一个多小时健身，健身之后，洗个澡，敷上面膜，舒舒服服躺在床上听会儿音乐。周六一般会去武馆练大半天武术或者找同学打半天篮球，晚上洗完澡找个咖啡馆看看书，写点东西。周日一般会在上午 10 点左右去游泳，然后洗澡，睡午觉，下午去单位加班：梳理下上周的工作情况，写写工作日志，把这周的工作排一排，发邮件，整理材料。这样，周一上班直接开始高效率工作。

许多人对 8 小时之外如何提升存在认知误区，一说起来就是看书、学习。我们先不讨论看什么书、学什么，难道更关注自己的形象，更好地掌控情绪就不算自我提升？我之所以能做到在“8 小时之外提升自己”，是因为我做了一件看起来微不足道的小事。

建立规律的生活。

其实，8 小时之外，最难的不是如何提升，而是如何做好规划。如果你的生活已经陷入了聚餐、看电视、玩游戏、熬夜、睡懒觉，时不时加个班，还要逛淘宝，陪女友逛街，刷知乎和公众号……说什么提升都没用，因为你做不到。

你 8 小时之外的时间看起来虽多，但其实没有多少真正属于你，留给“自我提升”的时间又有多少呢？

当你确立计划，发现因为各种各样的原因无法执行的时候，会不会更对自己失望乃至彻底放弃呢？

03_

我们利用业余时间去做副业也好，提升自己也好，都像是给自己的未来播下很多种子，你不知道最后哪一颗会发芽，也不知道究竟哪一项最终能改变你的生活和命运。

我至少知道一条颠扑不破的真理——播种之前要先平整土地。

如果你想在 8 小时之外提升自己，但不知该如何入手，我建议你放弃那些“看 100 本书”“腹肌撕裂 3 个月”“一年之内考个注册会计师”这些听起来都让人觉得累的大目标，不妨先定一个小目标——把自己的业余时间规整规整。

先看看自己每天工作到几点，不加班的话几点睡觉，一周花几个小时看电影，玩游戏，休闲娱乐。试试能不能在一个月之内合理地分配这些时间，建立规律的生活。

有段时间，随着我的工作年限的增长、职位的提升，工作、生活的各种事情交织在一起，我的业余时间也面临着失控。

我已经记不清自己有多少天是在凌晨 1 点之后睡觉了，也记不清自己有多久没好好看完一本书了，至于健身、游泳、运动更是三天打鱼，两天晒网。

于是，我为自己的 8 小时之外定了五个“一”的小目标：

用**一个月**的时间：

每天按时睡觉、起床，睡觉前**一个小时**，不开电脑，尽量不看手机或其他电子设备（电子书阅读器除外）。

每三天至少花**一个小时**运动，可以跑步、游泳、打球，也可以在家里做做仰卧起坐、俯卧撑、瑜伽。

每周末至少花**一个半天**梳理一下本周的工作、学习情况，思考下周的工作、学习安排。

将每周的休闲娱乐时间定个量，工作日每天**不超过一个小时**（周末每天不超过 3 个小时），每周累计不超过 10 个小时。可以分次使用，也可以累积一起使用。

当你做到了这五个“一”，你才可能真正掌控 8 小时之外的业余时间，才会发现每天多了很多可供自己支配的时间。到时候我们再来谈谈如何制订更长远、更有效的自我提升计划，该用什么东西填满这些时间。

我一直坚信，要学会用习惯去推动自我提升，而不是仅仅靠毅力、精神、拼搏去推动。

你的毅力并没有你想的那么强，关键是，也没有你以为的那么持久。

准备：

多做这些能受益终身的事情

很多读者喜欢问我年轻时应做点什么。

不过，你们可能不相信，我在年轻的时候，压根儿就没好好想过这种问题。原因很简单，大好的青春不虚度，这不是一种极大的浪费吗？

快活吧，反正有大把时光。现在我虽然不后悔，因为如果时间倒流，我还是会那么干，但却真的希望，现在的年轻人，不要走我曾经走过的弯路。因为，你们将面对的，是一个竞争越来越残酷的世界。当今世界，就像是一列已经加速了多年的高铁，仍在以极高的速度朝前奔驰。与此同时，不管是一等车厢还是二等车厢，车门都正以你看得见的速度缓缓关闭。

跑得慢一点的话，等到你上车的时候，很可能就只有站票了。再晚一点，搞不好连厕所都被占了。要想赶上这趟车，坐个好位子，沿路还想舒服地靠着窗看看风景，早点开始排队准备怎么都不会错。除非，你的父母已经提前给你订好了车票。

我读大学的时候，周边有不少同学和朋友，都有过“提前行动”的宏伟愿景，制订了很多计划，也做过不少尝试。有一个同学，当年下定决心不让自己的大学时光虚度，花了几个晚上的时间，为自己制订了一个极其宏大的计划表。

在这份工整详细的表格里，不仅有每天应该学习多少小时，看哪些书，还有周末应该如何锻炼，用多少时间兼职，甚至连休息的时候怎么放松，打多久的牌、玩多久的游戏都做了精确安排。

为了时刻提醒自己，更为了防止自己在做不到时会把这个计划表撕了，他用了整整一卷的透明胶带把这张表牢牢地贴在了床边的写字台上。

他贴了很多层，把表贴得非常牢靠，以至于毕业的时候，我们用刀子又划又戳地折腾了一个多小时，都没弄干净。这张如此宏大的计划表，最终对他的人生造成了非常深远的影响。

这种影响就体现在，计划表的安排他虽然只坚持了不到一个月就放弃了，但在其后的大学时光里，一旦谈起他，大家就会调侃一下这张计划表。那张“撕不掉”的计划表成了他大学颓废生活最为讽刺的见证。

这件事曾给我很大触动，它让我知道：

在年轻的时候，即使你知道再多“今后可能受益终身的事”，即使你下了再大的决心，即使你做了再周密的计划，你也可能一事无成。

关于在年轻时应该做些什么的话题，从人人到豆瓣再到知乎，甚至百度，有无数回答。比如，年轻的时候要看书，要理财，要健身。这些都挺有道理，但也都没用。

现在请认真问一下自己：有几件事是你真正坚持下来的？

道理都懂，要干什么也都知道，为什么你做不到？

大学毕业后的几个月里，每天下班我就把自己关在一间狭小、逼仄的出租屋里，反反复复地梳理总结过去十多年里自己走过的弯路、歧路、回头路，极其残忍地剖析内心所有的懦弱、迷茫与困惑。对这个问题也曾经思考过很久，直到突然有一天我恍然大悟：

之所以做不到，是因为大部分人都无法把自己眼前的事或即将要做的事和未来的收益联系起来。

毕竟，隔山的金子不如铜。

我又不靠写作吃饭，看那么多书有什么用呢？

一个月就那么点钱，理财有什么用呢？

已经长这样了，健身有什么用呢？

我又不想出国，不考外交部，不去外企，你让我努力打卡学英语不是搞笑吗？

……

我之所以会在毕业后才开始“认真思考和总结自己的人生”，是因为我在工作初期遇到了很多困难和挫折。

人往往就是这样，事到临头才会想到要抱佛脚。我们其实都是很短视的动物，延迟满足是很难的。就像广告里说的："我要的，现在就要。"想不通这个问题，即使巴菲特站在你面前，手把手地给你写下年轻时应该做的99件事，你仍然会在蹉跎与怀疑中，没有一件事能坚持下去。除非，他能确定地告诉你，做完这99件事，你就能去接他的班，最好，为了坚定你的信念，他再跟你签个保证协议。

我在想通上面这个问题后，又更深入地想了一层：我们之所以看不透未来的收益，是因为我们现在做的事和未来的目标之间隔着一重不可逾越的障碍——时间。

"只要努力就能有所收获"这句话之所以鸡汤，就在于没人告诉你要多努力才能有所收获，会有怎样的收获，以及努力多久才能有所收获。

谁也没有透视未来的超能力，谁也不能百分之百保证你现在做的事一定能对未来产生积极作用（有名师指点和贵人相助者不在此列）。

说白了，其实上面的问题，就是一个投入—时间—产出的问题。

你要做事，就要投入，但因为存在"时间"这一重大变量，所以无法精确衡量产出。权衡之下，大部分人都会选择不做事，或者尝试一段时间后就松懈下来。万一努力挣扎依然无济于事，还不如当初就躺下来好好休息。

为了破解这个难题，我当年曾苦思冥想，终于得到了一个很奇葩的“理念”。

既然我们的投入都要面临时间这一不确定因素的干扰，那如果我们把“时间”本身作为投入呢？

之前的公式不就简化为“投入（时间）—产出”了吗？

投入需要资本，而对绝大多数人而言，时间本就是他们年轻时唯一可以拥有的资本。所以，这个理念的核心总结起来就是：所有以付出时间为代价而又能产生收益的事情，都是你可以去做的事情。剩下的，就是尽可能地去找一些符合上述条件又契合自身实际的事情。

道理讲完了，下面是干货。

在那个奇葩“理念”的指导下，我曾经把我觉得年轻时应该做的事情分为以下四类。

一是工具、技能习得类

人类的大脑构造和肌肉记忆模式决定了工具、技能类的东西一旦习得就根本忘不了。你可能在高考结束几个月后就会把立体几何、线性代数全部还给老师，但如果你小时候学过钢琴、骑过自行车，即使隔几十年没碰它们，给你半小时也能全部捡起来。

你应趁着年轻多学一些这样的东西，以后就再也不需要在这种事情上花工夫了。比如，一些和兴趣爱好有关的乐器演奏、球类运动，和生活质量有关的做菜、游泳、驾驶，以及和未来职场有关的PS（图像处理软件）、PPT（演示文稿软件）、VBA（宏语言）技能等。

这个清单可以列很长，完全取决于你有多少时间和想做点什么。这类事的特点就是只要你做了，效果就一定看得见。

二是收益与时间长短正相关类

如果说工具、技能习得类的事情，还有你学了半天学不会或者学了用不着的可能，那么收益与时间长短正相关类的事情，你只要投入了时间，就一定能持续看到收益。

比如存钱，我从大学毕业开始一直保持每月固定存钱的习惯，也会用Excel表记录所有的收入和支出。即使现在收入增加了，理财投资渠道也多了，固定存钱依然是我在坚持做的事情，因为按月增长的数字给我一种切实的获得感。

比如摘抄，读过的书你可能会忘，但从书里摘抄下来的经典语句和片段却会一直留在纸上；还有社交，在闲暇的时间里，你每多认识一个人，就代表着你未来可能会增加不止一层关系……

同样，这个清单也可以不断延长，取决于你愿意花多少时间去思考和总结。

三是主要以投入时间为代价且存在突破机会类

鲤鱼跳龙门和丑小鸭变白天鹅这两个故事最大的不同在于，鲤鱼本不是龙而丑小鸭天生就是天鹅。

前者的质变需要千万次摔得头破血流的量变积累才能有那么一点可能，而后者的质变理论上只需要等着剧情自然发展。

只要不是太沉迷于玛丽苏电视剧的人都应该清醒地知道，现实生活里的我们，大部分都是前者。

所以，在年轻的时候，有时间不妨多做一些大胆尝试，比如考一些有难度的证书，考过了就是你的资本（特许金融分析师这种需要花费大量金钱的证书不在此列）。

比如有点特长的人，可以多参加一些比赛，赢了很可能命运就此改变，输了反正也没人认识你；再比如投入时间写小说、经营公众号……

即使这些事最终都没有突破，也不过就是浪费了一点时间，或者把你原本准备投入游戏、综艺节目的时间分流了而已。可一旦取得突破，金鳞就不再是池中物了。

四是短期消耗时间，长期却存在收益类

知乎上曾有个大V，花了两三年时间仔细看完了所有TED演讲视频，并从中总结借鉴了大量另辟蹊径的观点、思想和方法。他把这些东西运用于工作中，在职场上取得成功。他

把这些发现运用到回答问题里，成了被十多万人关注的知乎大V。

知乎还有一名奇人，初中毕业，以打工为生，凭借数千部的电影观影量，在知乎成了“豆瓣电影”的知名答主，最终帮助他成了一名都市白领。

类似的例子，还有很多。当年明月写《明朝那些事儿》的最大底气不是他有多幽默，而是他曾用了几年时间看完了1 600多万字枯燥无味的《明实录》。

时间本身也是一种资本，只不过多数时候，我们很难直观感受到这种资本积累的力量罢了。

年轻还应该积累一点独特的经历。

经历本身也是一种财富。一个完全规律生活、事事精确控制的人和一个不懂珍惜时间、生活彻底失控的人，在我看来，本质是一样的。

他们辜负了生命给予我们无数精彩的可能。趁着年轻，有过一两段深入骨髓、痛彻心扉的爱情，交过两三个乱七八糟却肝胆相照的朋友，做过几件当时胆战心惊过后回味无穷的事情，没什么不好。大不了，这些就是年轻不成熟时“走过的弯路”罢了。只要还有时间，我们依然可以重回正轨。

上面所有列举的以时间为投入的事情，其实换个角度看，都是在讲同一件事。

你要让你所有做的事情，随着时间发展产生变化。我们年轻时曾沉迷的很多东西和事情，在时间的长河里，都是一个个独立事件。

比如玩游戏，除非你打出了名堂，否则打多少年都不会有任何实质变化。

你这一把能五杀，下一把就可能死成鬼。你在这个平台上打到了高分段，换个平台注册还是得从零打起。与此类似的，还有你看过就忘的无聊综艺节目、烧烤摊前五毛钱一串的胡吃海喝、一次睡足 18 个小时的懒觉、无数次只背到 abandon（放弃）就放弃的背单词计划……

这些事都像是在抛硬币，今天抛一次，明天抛一次，并没有任何区别。你要做的，就是果断扔掉硬币，去想一想、试一试那些能让明天的你看起来和今天的你不一样的事情。

物是人非固然让我们觉得唏嘘，但如果时间过去了那么久，别人看到的还是一成不变的你，这就变得很可悲了。这说明，在高速发展的社会里，你已经成为被时间落下的人了。

我之所以花这么长篇幅来专门讲这个问题，是因为人一过 30 岁，就真的没有多少有效时间了。固定的工作、加班、通勤时间，社交、家庭，还有孩子都将压缩你原本就所剩无几的自由时间。

20 岁出头的时候，你可以从一周时间里挤出一两天空余时间来发呆。30 岁以后，你很可能一个月里都挤不出一点时间来和朋友吃一顿饭。

如果过了 30 岁，你还在为考证，考驾照，学游泳，看杂书等花费太多时间，你哪儿还有时间用在更重要的事情上？

我认识的很多人，过了一定年龄，都会去买时间。是的，时间在一定程度上是有价格的。有钱，你可以在单位附近租房或买房，一天就可以节约一两个小时的通勤时间。你可以请两个保姆轮流带小孩，做家务活，这样你回家后留给你的就是真正和孩子相处的时间。

甚至偶尔点开视频应用，如果你是会员，也可以减少看广告的等待时间。

社会分工越来越细，几乎所有的工作你都可以找到专业人士代办。越麻烦，越需要时间的工作，越有市场。你需要的只是在年轻的时候多用时间作为资本，为未来投资。这样你就能在未来取得收益后，买下更重要的时间。

人的一生很宝贵，酒足饭饱之余，不妨多想想，做点更有意义的事，才能在阶层固化之前尽量往上多蹦一两个台阶。

因为，相对于你今后的每一天，现在的你是最年轻的你。

我之所以花这么长的篇幅和时间去“讲道理”，是因为，你做什么只是小道，对人影响最大的应该是“思想观念”“思维方式”“战略战术”上的改变。没有核心理念指导下的行动，就像是各自为战的乌合之众，看起来忙忙碌碌，打打杀杀，但根本不知道自己在做什么，为什么这么做。

在你只懂空想的时候，“做”很重要，但在你做了很多却依然离梦想十万八千里的时候，“想”才是决定成败的关键。

你只有真正从思想上想明白了，接受了，才会去主动采取行动，行动带来的变化又会激发你新的思考。

这才是让改变发生的良性循环。

大多数人所缺少的，只是开始的那一下“点拨”。

写作：
写作的价值大，该如何开始和坚持

01_

打完最后一局麻将，男人拖着疲惫的身躯离开房间。

这样的生活已经持续了好几年，没人记得这是他第多少次参加牌局。毕竟，在这个小城镇，打麻将就像吃饭、睡觉一样，是很多人每天都要开展的一项“常规活动”。像他这样精力旺盛的30多岁的男人，正是乐此不疲的时候。

但这一次，男人却做了一个决定——以后不能这样打麻将了。

今天的这场牌局，他输掉了800元。这是20世纪90年代，800元是他整整一个月的工资。他觉得不能再这样玩下去了，这次输钱或许不是唯一的理由，但却是直接的导火索。

打麻将这个爱好很费钱。他想了想，决定重新捡起自己那个不花钱的爱好——写作。他以前也是爱写作的，写过几部短篇小说，还写了一部没发表的长篇小说。因为好几年没写，他有点尴尬地发现，世界变化得太快了，自己竟然连写完之后向哪儿投稿都不知道。对于他脑海里构想的世界来说，几年只不过是一瞬。但对于他生活的这个世界来说，几年已经足够改变太多事情。不知道当他回想起这段日子的时候，会不会也有一丝虚度年华的恐慌。

时间是每个人的“破壁者”。

1985 年，他大学毕业，被分配到位于山西阳泉的这个小城镇工作。最开始的几年，他也坚持在业余时间写些东西。他 20 多岁，正是有一股冲劲的时候。

很快，他似乎也习惯了这里的生活节奏。他所在的这家国企，工作没有那么忙，下班了他就和同事们打打扑克，玩玩麻将。1994 年，31 岁的他结婚了，婚后的生活很幸福。一切就这么慢慢地在时间之河里流淌。

悠闲静谧的生活当然没什么不好。只不过，当你决定要做一些事情的时候，才会意识到，看起来“车马慢”的生活里，其实时间过得最快。一转眼，已经是他大学毕业后的第 12 年。

很多人都有过想要改变自我的强烈愿望，但往往只是瞬间的激情。不同的是，这个男人坚持了下来。随后的很多年里，他几乎每一年都要写下好几部短篇作品。从 1999 年开始，他的作品陆续在杂志上发表。

一次，他又在杂志上发表了一篇新的短篇小说。很多读者看完后给他写信，期待他能把它写成长篇。他思考之后决定，干脆不再写中篇和短篇，他把原打算用来写短篇的一个构思，写成了长篇小说。

完成这个系列之后，他给小说取了一个名字——《三体》三部曲。

2010 年，《三体Ⅲ：死神永生》出版。在读完他的几乎所有作品后，复旦大学中文系教授严锋是这样说的："我毫不怀疑，这个人单枪匹马，把中国科幻文学提升到了世界级的水平。"

他的这部作品，则毫无争议地成为中国科幻的巅峰之作。此时，计算机工程师刘慈欣已经在山西阳泉娘子关电厂工作了整整 25 年。

2018 年，刘慈欣获得克拉克奖。他在获奖感言中说："我最初创作科幻小说的目的，是逃离平淡的生活，用想象力去接触那些我永远无法到达的神奇时空。"

虽然，昨天的科幻场景越来越快地变为今天的现实，神奇感的消失也让他有些失落沮丧，但毫无疑问的是，多年来坚持不懈地写作，早已经让他逃离了平淡和单调的生活，拥有了完全不同的新世界。

如果没有从事写作，刘慈欣会是一个普普通通的计算机工程师。还是那句话，这没有什么不好。但无论是对于这个世界来说，还是对于刘慈欣个人的生活来说，无疑都会少了很多精彩。

02_

25岁做什么，可在5年后受益匪浅？我的核心观点很简单：所有以付出时间为代价而又能产生收益的事情，都是你可以去做的事情。在这个观点的基础上，我列举了四类值得去做的事情：一是工具、技能习得类；二是收益与时间长短正相关类；三是主要以投入时间为代价且存在突破机会类；四是短期消耗时间，长期却存在收益类。

写作绝对是这里面最重要的事情之一。写作是一件启动条件最为简单，但却绝对具有长期价值的事。

写作和跑步很像。打个比方，假如你身边有好的硬件设施，你当然可以经常去健身房，去游泳馆；假如你经常能约到小伙伴，你当然可以去玩篮球、足球、羽毛球……但即使你什么条件都不具备，你也可以去跑步。

刘慈欣每天都会坚持的另一件事，就是慢跑一小时。他希望自己能保持健康的体魄，未来有一天能进入太空。

刘慈欣是国内科幻作家的翘楚，他写作的经历当然不可复制。但是，依靠写作在平淡的生活中获得更多突破的可能，却是一件绝对值得去尝试的事。要知道，文学写作本来就只是写作的一小块领域，而刘慈欣所从事的科幻写作，很长时间里更是地地道道的边缘文学。

对普通人来说，写作方面的拓展空间很大。写作又绝对是工作和生活中最通用也最稀缺的一项能力，也是对个人品牌最具价值的一项能力。

首先，写作是最通用的一项能力。其实从某种程度上说，写作能力就是思维能力，也是沟通能力。刘慈欣的文学写作，体现的是他超常的想象能力，以及将想象世界向读者进行展现的能力。而在我们的工作和生活中，简历、邮件、周报、会议发言、汇报材料、工作总结，甚至一条重要的朋友圈……写作无处不在，它体现出你的逻辑思维能力，以及与他人进行有效沟通的能力。

其次，有趣的是，这项能力无处不在的同时又非常稀缺。喜欢写两句打油诗的人遍地都是，但在一家企业里，真正擅长写作，各种类型的日常文章都能写出来的人，非常少。

有人可能听过美的总裁方洪波的故事。在网上搜索方洪波的相关资讯，总是能看到“逆袭”两个字。因为方洪波最初来到美的工作，是在总裁办担任内刊编辑，而在很多人眼中，内刊编辑在企业里可以说是一份很“非主流”的工作。

实际上，要真正做一个优秀的内刊编辑，是非常不容易的：必须懂战略，领会领导的战略方向，保证刊物内容大方向不跑偏；必须懂心理，让内刊既契合企业文化，又避免让员工觉得矫揉造作；必须文笔好，深入浅出，让大家都能读懂又能传达道理；还必须把握文字调性。这些能力都体现在内刊的文字输出上。持续的写作训练，又反过来可以提升你在这些方面的素养。

据说，方洪波第一次获得提拔，是因为他在跟随当时的总裁何享健出差的过程中，根据所看到的情况进行分析总结，并表达出自己的观点，这给何享健留下了深刻印象。

当时，方洪波除了做内刊编辑以外，还需要写各种总结和报告以及给领导准备发言稿。在这个过程中，他慢慢形成了对公司的一套想法。正是在这些想法的基础上，才有了那一次他在总裁面前条理清晰的分析总结和观点鲜明的自我表达。

再次，在今天的互联网世界，对于建立个人品牌来说，写作是最有价值的一项能力。在刘慈欣重新开始写作的 20 世纪 90 年代，不管你写什么内容，都需要通过投稿的方式获得发表。而今天，你的作品随时可以在互联网上发表。

大多数时候，我们建立个人品牌，都需要依靠所在的公司。公司内部对你的定位，很可能就是你在公司内外的“品牌定位”。但今天，你其实可以每天在互联网上构建自己的个人品牌，最便捷的方式就是写作。

我身边有不少通过自媒体写作建立个人品牌的故事，这方面不需要多举例子。你仔细观察一下还会发现，很多功成名就的企业家，最爱干的事情之一就是写作。50 多岁的李开复，已经出了七八本书。70多岁的任正非虽然非常低调，但却经常写内部信，内部信里既有他的战略思考与安排，也有他的人生经历和感悟。不断写作，既是不断凝聚人心的重要手段，也成为外界认识任正非这个人的第一窗口。

03_

既然写作的价值这么大，到底该如何开始写作，提高写作能力呢？

我想送给大家一段话，这段话是加拿大"科幻教父"罗伯特·索耶在他的一个写作教程里说的：

> 当你开始构思一部科幻小说时，你已经超过80%想当作家的人；
>
> 当你开始动笔写小说的时候，你已经超过80%构思写小说的人；
>
> 当你写完一部完整的科幻小说并且投稿时，你已经属于1%的人了。

毫不夸张地说，写作的不二法门，就是坚持。即使对刘慈欣这样有才华的作家来说，同样如此。从他1985年写下第一篇短篇科幻小说《宇宙坍缩》，到2010年完成《三体Ⅲ：死神永生》的写作，其间跨越了 1/4 个世纪。

写作需要技巧，写作需要实践，但写作最需要的，就是坚持地写下去。当然，熟悉我的读者都知道，我不会泛泛地告诉你“需要坚持”，因为你做不到。实际上，让自己更好地坚持写作，本身也是有方法和技巧的。

最重要的一个方法就是选择更可能被关注的内容去写，并且想办法及时获得反馈。

第一，选择更可能被关注的内容去写。这会让你的写作产生更大的价值。所谓“被关注”，一种是被更多的人关注，另一种就是被更重要的人关注。比如，你写公众号，写小说，写知乎，就属于有机会被更多的人关注的内容，你的读者可能是全国的网民。你在公司里主动去写一些重要会议的纪要，写汇报材料等，就属于有可能被重要人物关注的内容。只要写得好，同样有机会给你的职业发展加分。

第二，就是要想办法及时获得反馈。人是社会动物，会根据外在的反馈来采取下一步行动。刘慈欣的写作轨迹就是一个很好的案例。

刘慈欣早期写的很多作品都是中短篇而非长篇。这是一个很正确的决策，因为中短篇作品可以通过投稿得到快速发表，这对于一个年轻作家来说，有很强的正向激励作用。

查阅刘慈欣作品的出版史可以发现，他在 2003 年出版了长篇小说《超新星纪元》。这本书完成于什么时间呢？1991 年。

从 1991 年到 1997 年这长达 6 年的时间，也正是刘慈欣没有任何新作品产出，在麻将桌上消磨掉的时间。

虽然不能说这本书迟迟没得到出版，就是刘慈欣写作中止的原因。但很显然，即使像他这样在创作过程中绝不会和别人有任何讨论的作家，也会很重视作品出版后读者的反馈。《三体》系列的写作过程中，他就想，如果前面两本的反馈不好，就不写《三体Ⅲ》了。幸好，这件事没有发生。

所以，如果你打算开始写作，千万不要一上来就想着写一个大部头。相信我，你 99% 坚持不下去。那 1%，一定是此前已经在写作上得到充分认可的人。

如果你要开始自媒体写作，不妨先坚持去知乎回答一些问题。读者的每次点赞和关注，都是对你的激励。如果你要练习文学写作，记得先写短篇小说、散文、诗歌，每一次发表，都是对你的奖赏。如果你要练习职场写作，记得让好的内容被你的领导或客户看到……

据说，古希腊人很喜欢跑步。几千年前，奥林匹亚阿尔菲斯河岸的岩壁上就刻着这样一段格言："如果你想聪明，跑步吧！如果你想强壮，跑步吧！如果你想健康，跑步吧！"

其实，这句话完全可以移植到写作上。如果你想成长，坚持写作吧！如果你想成长却不知道从哪里开始，开始写作吧！

学习：碎片化学习的正确方法

01_

有人说，碎片化学习好。有人说，碎片化学习不好。

碎片化学习到底好不好，单纯抽象地讨论一个问题，不管选择怎样的立场，想找出几个反例来，永远都不是难事。所以，在讨论这件事之前，我想先引出一个讨论问题的原则——生活是具体的。

怎么理解这句话呢？我问你一个问题：“年轻人是否应该给老年人让座？”看到这个问题，很多人的答案是肯定的，因为尊老爱幼自古就是我们中华民族的传统美德。那么我接着问：“如果一个通宵加班，刚从公司下班的年轻人，遇到一个早起准备去晨练的老年人，他该不该给老年人让座呢？”恐怕，你不会像第一次那样肯定了。没错，生活是具体的。

那么，理解上述这个原则以后，我们从三个方面具体讨论碎片化学习这件事。

一、哪些事情可以碎片化学习？

答案：当你要解决具体问题的时候（尤其是进入新领域）。

曾经有一段时间，我对编程很感兴趣，于是我找到了教材，认认真真从头开始学习。我足够努力，也足够认真，可是过了很久之后，当我真的要写一个程序的时候，还是感觉无从下手。

于是，我请教了一个厉害的程序员。他听了我的叙述之后，一针见血地告诉我，我的方法用错了。找一本书，花几个月时间，系统地学一遍，这是在学校里应付考试的做法。

在真实的生活中，我们面临的都是一个又一个具体的问题。你首先要问自己，你要通过编程解决什么问题，或者你想写出什么程序来。比方说，你想编一个计时程序。好，直接开始编程，不懂就在网上查，实在不行就拼凑别人的程序，自己再修修改改，先让程序跑起来。在东拼西凑的碎片化过程中，你已经开始学习编程了。

很多企业家也一样，他们在开拓新市场，发展新业务的时候，会面临很多前所未见的问题。这时，你还打算让他从头到尾地学一遍 MBA（工商管理硕士）课程吗？不，这既不现实，也没用。在中国，最早一批开网店的商户，可没有什么体系化的电商运营手册供他们参考，即便有国外的经验作为参考，也不适合中国市场，那该怎么办呢？

还能怎么办，碎片化学习。看到张三家的网店开得好，学一招；看到李四家的网店开得好，再学一招。

从包装、宣传、推广、渠道，再到供应链、物流、售后，哪一个不是在碎片化的学习中摸索出来的？几年的东拼西凑下来，整个行业的体系版图也形成了。

二、哪些时候不能碎片化学习？

答案：当你要增长知识，研究学问的时候。

看到这里，有人可能会跳出来反对："不对吧，我每天都刷一个小时的今日头条，听半个小时的罗辑思维，还顺便浏览了当天所有的微博热搜，你怎么能说我没有增长知识呢？"

那我反问你一个问题："南北朝和五代十国，哪个在前，哪个在后？"相信我，很多人都答不上来，甚至包括文科生。他们背过，但是忘了。在他们的认知里，历史只是一堆杂乱的符号和零碎的信息，在构建起关联之前，打一个冷战，就随风飘散了。

碎片化的东西，只是信息；结构化的信息，才是知识。考察一个人是不是有某个领域的知识，不应考他信息，而应看他能不能在信息之间构建关联。

我给你讲一个真实的故事。大学的时候，我的一个学训诂学的同学，曾经请教他们一位很年轻的副教授一个问题，那是古文里的一句话——“都城过百雉，国之害也”。

这里面，“雉”这个字很难理解。“雉”指野鸡，但“都城过了一百只野鸡”是什么意思啊？解释不通啊！我同学说，是不是可以理解成“一百只野鸡从都城上空飞过，非常不吉利，国家要出大事”。我觉得，这样似乎也说得通。

当这位年轻的副教授听到这个说法时，他瞬间感到头上有一万只野鸡飞过。

这位副教授之前是这个专业的博士生，毕业后又进了博士后流动站，功底深厚。他透过厚厚的眼镜看了看我同学，摇摇头说：“不能这么理解。”

他想了想说：“这个‘雉’虽然是野鸡的意思，但在这里不能这么理解。我们都知道野鸡有个特点，那就是飞不远。古人没什么计量单位，他们就把野鸡每次飞的距离当成一个固定的长度单位，称为一‘雉’。所以，‘都城过百雉，国之害也’，就是说如果都城的周长有野鸡飞一百次那么长，那就是一座大城了，不好管理了，所以是国家的祸害。”

我同学当时想，教授的功底真是深厚啊。很长一段时间，他都把这个解释当成了金科玉律，直到有一次无意中向他们学院的院长说起来。院长是这个领域的宗师级人物，他听到这个解释，又好气又好笑，把同学和那个年轻的副教授都狠狠骂了一顿。

然后，我同学才知道，“雉”在这里与野鸡一点关系也没有，是另一个古字“纼”的通假字。“纼”是指系牛鼻子的长绳，转用作丈量工具。

据同学说，他们只是无意中聊起这个话题，而院长不仅指出他的错误，而且不假思索地说出这句话出自《左传·隐公元年》的哪个地方，有哪些大家做过注解。就这一个字，老先生讲了一下午……我同学学的训诂学，也叫小学，是真正的国学，想学好这门学科没别的路，就是不断地读书和钻研。

副教授和院长之间的差距，叫功底，也叫知识体系。

这个故事因为太过经典，我一直记在脑子里。每当我要研究某个东西的时候，总会想起“野鸡飞一百次那么长”这个笑话。

要想把一门这样的学问真正钻深、钻透，随时看看，随便学学是不行的，需要持续地将整段的时间投入其中。许多人用了一辈子的时间来学习，也只是取得了一点点成就。

在这样的学科领域里，碎片化学习不仅无用，反而有害，碎片化的东西读得多了，以为自己什么都懂一点，实际上却离真正的学懂越来越远。

三、如何利用好碎片化学习？

有句话是这样说的：“小孩子才做选择题，成年人的世界里总是两个都要。”

所以，有没有既可以碎片化学习，又能真正提升自我的方法呢？有。

很多人觉得，在随意的时间学点随意的内容，称作“碎片化学习”；用大把的时间学习大卷的书，称作“体系化学习”。事实上，碎片化学习与体系化学习最大的区别不在于学习时间长短，也不在于学习内容怎样，而是，前者没有体系性。

下面，我来介绍一下如何用碎片化学习提升自我。

当我在上下班途中或午休刷手机时，无论我看什么文章，一定会同时打开一个便笺，随时将看到、想到的或者觉得有必要深究的东西在便笺里记下来，并且要将便笺分类，比如逻辑与心理学、职场与创业、政治与经济等。记录的方式是：心理学—情绪控制—情绪控制的生理学机制。每当我有整段的空闲时间，或者便笺里的内容超过一定数量的时候，我就会用四步法来进行整理。

第一步：看。看我当时的记录，搜索查询所涉及的书目、内容是否真的对我有用，如果只是一时兴起的记录，就把它删除。这一步很重要，大部分当时觉得有意思的东西，再看时往往觉得没什么用了。

第二步：存。不管是通过浏览器的收藏夹，还是通过Word文档，甚至只是用个Txt文件记录下计划看的几本书，总之，就是要把这些碎片化的知识体系化地整理记录下来，而且只捡最精华的部分。

第三步：输出（最重要的一步）。当你整理完了，看了，存了，就要把这些东西用作自己的输出了。你可以把它们作为答题的素材、写作的源头甚至演讲的小故事，不管用什么方法，总之要让整理的这些东西发挥作用。

第四步：再整理。对一些长期用不到却又觉得总有一天会用到的东西，将它们单独存到一个地方，偶尔看看。

核心方法就是一句话：碎片化学习 + 体系化整理。

最后，说说我对碎片化学习的看法。

我先考你个小问题：龘龘、虆虆、犰犰、䶛轩、彳彳，你认识几个？很惭愧地说，之前我一个都不认识，但是现在我都认识了，你知道我是怎么认识的吗？因为前一段时间，我偶然听了一首歌，名字叫《生僻字》，上面的这些字，就在那首歌的歌词里。

正是因为这一次偶然的碎片化学习机会，让我有了系统学一学这些字的动力。

很多人在讨论碎片化学习这个问题上，就"碎片化"与"体系化"争论得面红耳赤，好像它们永远水火不相容。可我想说，碎片化学习是一个阶段，是一个引子，是通往体系化学习的敲门砖。

从来没有人规定，坐在学校里读书就是学习，在地铁上看文章就不是学习。也许在早期，网上会充斥很多只为博眼球的劣质文章，出现劣币驱逐良币的现象。但我相信，事情总是进步的，是向前发展的。

最早一批做公众号的人，随便在网上搬运几篇文章，就能吸引大量的粉丝。可经过这些年的发展，不管是娱乐消遣也好，碎片化学习也罢，读者对文章质量的要求越来越高，这就倒逼作者要用心、严肃地写好每一篇文章。

对于作者，这是好事。对于读者，又何尝不是呢？身为一个读者，也许前期我只是看一些简单的文章进行碎片化学习。可随着我的阈值越来越高，终究有一天，我会腻烦这些凌乱的碎片化信息。某一个下午，我会找一本书，系统地满足我对学习的渴望。

借用网络上的一个段子：一个人在碎片化学习时，就像你的儿子刚刚学会走路，你是要善意地鼓励他会越走越好呢？还是上去就是一巴掌，训他这也叫走路，然后展示一下什么叫作标准的走路姿势？

在这个世界上，既不是智者生存，也不是强者生存，永远都是适者生存。所以，我们要做的，就是迈出你适应这个碎片化学习时代的第一步。

长板：
磨炼我们的“撒手锏”

01_

我的一位大学同学因为没考上研究生，又错过了校园招聘季，无奈只能在离开学校后才去找工作。找来找去，他到一家很小的中学生培训机构应聘，准备当个培训老师。

老板亲自招人，看了看他 ×× 大学中文专业的简历，问他：“你是来应聘语文老师的吗”同学一脸痛苦：“不是，我不想教语文。”老板笑了：“你一个学中文的不当语文老师，那你想教什么？”

同学想了想说：“要不教数学吧，我高中时还挺擅长数学的。”老板随手抽出一张高三数学试卷对他说：“你现在做，就在这儿做，能拿 140 分以上，我们就要你。”于是在时隔数年后，同学再一次打开了一张高中数学试卷，然后，闻到了一股初恋的味道。

最后的结果——121分。

我同学都准备收拾东西走人了，老板笑着叫住他："虽然没到140分，但你一个学中文的还能考120多分，已经比我想象的好多了。我们最近正在培训新老师，你来试试，培训结束能通过就留下，不行就算了。"

培训时间是一周，同学每天都要做近10张高考数学试卷，等到培训结束的时候，他基本上每张卷都能拿满分了。

于是，同学在这家小小的培训机构做了数学培训老师，专攻高三数学。然后跳了几次槽，成了某知名培训机构的高中数学培训名师了。这两年他已经自己出来开培训学校了。

这几年，我在观察我身边的同学和朋友时，发现一个趋势越来越明显：那些从小好好读书，考上好大学，毕业跟风进了大国企、知名外企或考上公务员的人，越来越感到后继乏力。他们各方面素质都很不错，基础也很好，所以在毕业之后的前5年，无论是社会认可度还是收入，他们一路领跑。

但在毕业5年后，不少在学生阶段表现并不突出的人，后来居上，弯道超越。这些后来居上的人，大部分都拥有两个特质：要么是有一技之长，要么就是在自己感兴趣并且擅长的领域里全身心地耕耘。这种能帮助我们脱颖而出的一技之长，越往后走，越会成为决定你人生成就高度的决定因素。

它们就是人生的"撒手锏"。

02_

那么问题来了：为什么拥有“撒手锏”的人，越往后发展会越好？我曾经花了很多时间来思考。最终得出一个结论：因为，时代真的已经不同了。

改革开放41年，好吃的肉都吃完了，剩下的全是难啃的骨头。改革开放初期依靠“信息差”“胆子大”，在这个城市买个东西坐上火车去另一个城市卖就能发大财的日子，已经一去不复返了。

整个国家层面都已经进入了深水区，需要扎猛子，钻得深，才能有肉吃。个人也一样，你在每个方面都平均用力，也就意味着你能获得的回报上限也一定是“平均水平”。没有金刚钻，就揽不了瓷器活。没有稀缺的东西（能力、资源、天赋），就难以在这个时代活出自己的精彩。

问题又来了，每个人都能有自己的“撒手锏”吗？我认为可以。因为所谓的“撒手锏”，不是你的某项能力要超过所有人，而是在某些方面，你比周围的人稍微突出一点就行。

快手和抖音，都是我不太喜欢的软件，但不妨碍经常会有人跟我分享上面的一些“牛人”。这些人有写字的，画画的，做手工的，甚至还有吐烟圈的，玩溜溜球的，打街球的，踢毽子的，流浪说书的。每次分享，人们都要附上一连串的“天哪”“牛”“高手”……

说实话，这样的野路子看起来再花哨，和真正科班出身、训练十多年的专业人士相比，其实并没有什么可炫耀的。我们开玩笑时经常提及小区大爷的乒乓球水平，认真来说，他估计连专业水平的中学生都打不过。但这都丝毫影响不了这些快手和抖音上的人吸引粉丝，打造个人品牌，甚至以此谋生。

你可以看到很多小众的公众号，写的文章很可能也就是自娱自乐而已。但在它们的粉丝眼里，这些文章就是最好的。哪怕订阅栏里已经有了几十个公众号，里面有很多百万乃至千万级的大号，粉丝也依然愿意点开这个小众的公众号。对于这个公众号的主人来说，他只为这些人写，就已经足够了。

这就是互联网时代最大的特点，它让每个人的优势都可能被放大。网络既连接了很多人，也分化了很多人。所以互联网时代的撒手锏到底是什么呢？那就是：你只需要比一些人厉害，并让那些觉得你厉害的人看到就行了。

03_

下面是干货。

我怎么才能知道自己擅长什么呢？换句话说，我怎么才能发现自己的“撒手锏”呢？只做自己喜欢的事情就可以吗？当然不可以。

兴趣本身不会是“撒手锏”。我们经常可以看到生活里，某个人特别喜欢某项运动，但真要让他去做，又做不好。喜欢并不能成为擅长的充要条件。

如果你还是觉得这样的说法太虚，不妨试试拿张白纸回答下面几个问题：

1. 这些年里，你最得意、最引人注目的时刻是什么时候？

2. 你是否因做某件事，得到过很多人的赞扬？

3. 你觉得，你最喜欢做的事情是什么？

4. 未来，你最想做的事情是什么？

5. 有什么事，你很久没做过了，但突然会很想去尝试？

6. 有没有什么事情，你和别人同时做，但你可以做得更快、更好？

7. 你觉得到目前为止最遗憾的事情是什么？

8. 你有没有废寝忘食地做过一件事，而且不觉得累？

9. 你有没有在和别人谈起某件事时，抑制不住激动，甚至手心出汗？

10. 你有没有在工作以外，通过做别的事情赚钱？

从以上这10条里去找交集，基本上同时满足3条以上的，大概率就是你的撒手锏。

除此之外，年轻的时候不要自我设限。要敢于尝试不同的人生路径和不同的机会，特别是那些贵人为你指出的路。

这些年，我最遗憾的事情是在工作初期，老克对我说：“去试试做金融吧，你很适合。”而我却觉得自己一个学中文的人，跟金融八竿子打不着，数学都快忘光了，算账都不一定能算清，还搞金融？搞笑还差不多。现在来看，我很可能错过了自己人生的另一条路。因为很多年后以后，我才真正明白金融的本质其实不是计算。

所以，不要轻易放过自己身上任何一个可能的长处，更不要把自己的优势藏起来，特别是在年轻的时候。

很多人总喜欢憋很久，再放个大招。其实，这种思维方式是不对的。这是因为在学生时代，但凡有什么特别的能力，多数时候都会被老师视为“奇技淫巧”，加以限制。

当然，读书的时候应该好好学习，尽量不要想着凭这些优势去当什么“网红”，而应该把学习和认知的基础打牢。出了学校，进了社会，就应该八仙过海，各显神通。不应有“我有神通，但就是不用”的心态，然后等到多年以后再来跟别人吹牛：“你别看那个谁如何如何，我当年如果要是怎么怎么，肯定比他牛多了！”

这样的话，我在那些怀才不遇、怨天尤人的中年人身上，实在听得太多了。更大的可能是，你当年的“撒手锏”会被你遗忘。很多年以后，你都不记得自己曾经有过什么本事可以让人击掌赞叹了。

要知道，所谓的蓄势待发，蓄势固然重要，但如果迟迟不发出来，很可能也就无声无息地沉默下去了。

04_

有一次，我无意中打开电视，央视音乐频道正在放一首歌——《追梦人》。歌手唱得空灵、清新、透彻，让我惊为天人。因为印象太过于深刻，所以一下子就记住了唱歌的人，她名叫白若溪。

后来我发现，她又在很多地方唱了这首歌。如果不是时代不同了，搞不好她能一辈子只唱这首歌。再后来，我无意中发现她参加了一档音乐选秀节目。

一开始，她并没有唱曾经最拿手的《追梦人》，所以一路的成绩也并不突出，这让很多粉丝都觉得很可惜，觉得她应该拿出“撒手锏”，唱《追梦人》。

终于，在最关键的一期淘汰赛上，为了避免失利，她又唱起了《追梦人》。只不过，这个“千呼万唤始出来”的大招，却再没了她最早在央视演唱的时候那么惊艳。最终的结果是，拿出了撒手锏的白若溪依然被淘汰了。

我平时并不太关注娱乐圈，这件事也已经过去了很久。我现在之所以还拿出来讲，是因为当年看到她唱了《追梦人》却仍然被淘汰，带给我很大触动。我有一次和别人聊起白若溪，才发现其实很多人都是因为央视播出的那首《追梦人》知道她的。

可以说，没有那首歌，没有当年的惊鸿一现，在娱乐明星层出不穷的这个时代，我估计没几个人能记住她。但就是这个当年让她一夜爆红的“撒手锏”，在几年后居然失效了，并没有为她带来想象中的惊天逆转。

这就是我要跟大家分享的最后一个观点：撒手锏藏得越久，失效的可能就越大。你过去所有的撒手锏，一旦不用，不打磨，很可能在三年后就开始褪色。这个世界上不存在终极撒手锏。所有的撒手锏也都需要不断地进化升级。

郎朗到哪里都要练钢琴，歌唱家每天早上都要吊嗓子，一个优秀的拳击手必须保证自己的上场次数……你越擅长的东西越要经常拿出来打磨，拿出来比比。否则，如何知道差距在哪儿？最怕的是，你藏了多年的撒手锏早已过时，自己却还不知道。

古龙的小说《多情剑客无情剑》里，天机老人明明在兵器谱上排名第一，却被排名第二的上官金虹打败了。当时，李寻欢有过一种说法，大概意思就是天机老人长期不出手，就很难保持巅峰状态，心里也就越不想出手。

你越把自己的撒手锏当回事，天天藏着掖着，就越怕有一天亮出来的时候没那么厉害了。你越是怕出现这种情况，当有一天真正需要你亮出撒手锏的时候，就越可能出现这种情况。不要期待你的撒手锏藏而不用，然后一出手就能“一击必杀”。武侠小说都不敢这么写。

05_

如何让撒手锏变成自己的饭碗？

2019年大火的电影《流浪地球》让很多人知道了“饱和式”这个词。电影里，每一个需要救援的地方，都会派出数支队伍一起上，谁先到达谁就先救援。不在乎多余的付出，不计较成本的投入，只要有一线希望，就付出百倍努力。

对于你的“撒手锏”，也应该是这样。没有发现自己的撒手锏之前，你可以慢慢走，慢慢看，做多种尝试，混混圈子，等待机会。一旦找到了自己在某些方面的优势，一旦发现自己在某个方面可能实现突破，就一定不要等，也不要过多计较成本。快速进入，把能投入的精力都投进去，这就是“饱和式投入”。

大部分人，从业余高手水平到专业水平，再到职业水平，差的就是这一点突破。这一点突破，最需要的就是攻其一点，不及其余。

人生短暂，一个人的高光时刻并没有那么多。很多时候我们说，没有机会创造机会也要上。如果有了机会还磨磨蹭蹭，犹犹豫豫，不上不下，那才是对生命最大的浪费。

求索：

永远给自己时间和空间

01_

有一次诺贝尔物理学奖得主朱棣文在哈佛大学做演讲。他向所有年轻学生提出了三个忠告。第一，取得成就的时候，不要忘记前人。第二，在未来的人生中，做一个慷慨大方的人。第三，当开始生活的新阶段时，请跟随自己的爱好。如果没有爱好，就去找，找不到绝不罢休。生命太短暂，所以不能空手走过，你必须对某样东西倾注深情。

他说第三个忠告的时候，特别真诚，因为他就是这样一路走过来的。

20 多岁的时候，朱棣文超级一根筋，目标就是非成为物理学家不可。本科毕业后，他在加州大学伯克利分校又待了 8 年，读完了研究生，做完了博士后，然后去贝尔实验室待了

9 年。在这些年中，他关注的中心和职业上的全部乐趣都来自物理学。

在说完这三个忠告后，他又加了一段话："我还有最后一个忠告，兴趣爱好固然重要，但是你不应该只考虑兴趣爱好。当你白发苍苍、垂垂老矣、回首人生时，你需要为自己做过的事感到自豪。物质生活和你满足的占有欲，都不会让你自豪。只有那些受你影响、被你改变过的人和事，才会让你自豪。"

朱棣文的这段话引起了我长久的思考，正好最近我身边一个朋友做了一个重大选择，我深受触动。

02_

老克已经很久没有跟我联系了。没想到再见面，他直接放了大招。金融行业，40 多岁，外企高管，有车有房，财务自由的他，居然辞职了。

辞职的原因很简单，他觉得到他这个年纪，应该好好思考到底应该找一件什么样的事情干一辈子了。老克是一个活在时间前面的人，总是能把很多问题提前想得很明白。为了这个简单的原因，他已经琢磨好几年了。

他的前半生，按照世俗意义上的成功，努力拼搏了很多年。金融，投资，精英，名利场，上级下属，职场内耗……他终于腻了，烦了，觉得没意思了。于是，他花了近一年的时间，申请上了国外一所大学的博士。学的专业是他一直很喜欢，但之前没有机会钻研的。他准备先把专业研究得更透彻一点，将来再看看是留校还是继续深造。

我跟他聊完后，只有一个想法：什么时候，我也能跳出“考核”“赚钱”之类的低级趣味，像他那样去追求自己真正喜欢的东西？

03_

我估计很多人，都有和我一样的思维误区。那就是，总觉得真正喜欢的东西，非得等有了一定的基础之后才能去追求。包括老克也是这样。年轻的时候，先按照大众思维，按照世俗标准，追求那些很基本的东西。等到有了一定的基础后，再按照自己的想法，重新做选择，继续往前走。

事实上，这并不是一个非此即彼的问题。这也是我和老克交流时他的一个重要观点：他原本可以更早一点去思考筹划40岁之后自己该干什么。

人生的每个阶段，都会有困惑。年轻的时候说“不知道干什么”，往往是指不知道干什么才能挣大钱，干什么才能取得世俗成功。到了中年说“不知道干什么”，往往是指不知道怎么才能让剩余的人生不畏惧，不焦虑，不后悔，不遗憾。

芸芸众生，要么不知不觉，要么先知先觉。

先知先觉者，不仅清楚地知道自己想要什么，更知道自己不想要什么，懂得进退取舍，什么时候该拼一把，什么时候该战略性放弃。

不知不觉者，总是被生活和潮流推着走，得过且过，浑浑噩噩，没有目标，没有方向，更没有向着内心真正的渴望而前进的行动。

所以，一定要早一点去思考，这辈子到底该对什么东西倾注深情，自己又能在什么事情上真正实现价值，人生短暂，你究竟能改变和影响什么。

这样的思考不是一朝一夕的，不是在某个晚上想得自己激动万分，甚至难以入睡就可以了，它需要时间的积淀。你可以把它放在潜意识里，没事的时候就琢磨。很可能突然有一天机缘巧合，你就想通了，知道自己要干什么了。相信我，这种决定一生、想要干一辈子的事情，不可能想一天、一个月就能决定。

很可能你 10 多岁的时候还想着要当一家饭店的老板，所以努力擦桌子，端盘子。结果到 20 多岁，你突然想明白了，就跑去说相声了。不怕暂时想不明白，就怕什么都不想，或者今天想了明天就忘。然后过了四十不惑，奔着年过半百去了，突然发现，自己好像到现在还没有想明白要干什么，这才是真正的悲哀。

04_

我把这种值得自己倾注深情去干一辈子的事情，分为三类。

1. 追随内心的真正喜好

这就像是挑选伴侣。想象一下，你想要和这个人过一辈子，能不能容忍其所有缺点，发现其所有闪光点，无论贫穷还是富有，都要坚持下去？工作也一样。这样愿意倾注一生的事情，一定是无论有多少艰难险阻，遇到多少困难，都不会轻易放弃的。

2017 年，一个网友随手上传的视频，让搬运工朱芊佩迅速走红。视频里的她，背心搭热裤，徒手扛起一袋袋三四十斤的货物，露出硬朗的肌肉线条。很快，“港版罗拉”的名字霸占了各大媒体的头条。采访，上节目，做代言，她的励志故事被疯狂传播。

实际上，一夜爆红的她并没有按照大众设想的剧本发展。明明可以靠颜值吃饭，爆火之后，有那么多种活法，但她仍选择回到香港的街巷里继续工作，因为她始终清醒，知道自己要什么。比起保持微笑，面对采访镜头一遍遍重复自己的故事，她更喜欢搬货、推车、累到大汗淋漓的踏实感。

搬运工在大多数人眼里是无可奈何的选择，但在朱芊佩看来，不会说话的货物比人好打交道，搬东西的同时可以锻炼身体，而且跟着车跑，自由自在。自己选的路，她坚信自己会笑着走完。面对未来，她一步步朴实地计划着：之后要考驾照，做卡车司机，再到主管。她大方承认："我热爱这个行业，职业不分贵贱，不分性别，有梦想谁都了不起。"

2. 让擅长的事情成就自己

我认识的一个朋友是研究农学的博士。当年毕业时，他有机会去高校或者研究所，继续研究杂交、育种，走自己擅长的学术道路。但他却被当年的"公务员热"吸引，头脑一热进入政府部门的某个办公室。毕竟他学历高，一开始他的级别并不低。问题是，政府办公室根本用不着他的那些研究能力。

后来，他放弃了自己的专业能力，和一帮年轻人竞争怎么写材料、画图表，怎么给领导排席次，怎么迎接上级检查之类的事情。几年过去了，他不仅职位毫无进步，还身心俱疲。他的博士同学，现在很多都已经成了教授，在专业领域有了名气，有了社会地位，有了稳定的事业，对未来充满热情。

每次聊到这些，他都是长吁短叹，悔不当初。他的特长是学术研究，而不是写材料，组织会议，跑腿，画图表……

美团的首席执行官王兴曾经讲过，他本科时有幸在清华听过不少牛人的讲座。对他影响最大的是 2001 年 4 月 19 日，哈贝马斯的访问演讲。那天清华法学院可以说是水泄不通，王兴费尽力气挤了进去。在听完演讲之后，他明白了一个重要的道理：不要浪费时间去听那些你根本不懂的东西，不管对方名声多大。

人生同样如此，不要去走那些你根本不擅长的路，哪怕这条路看起来光鲜亮丽。

关于如何找到自己擅长的事情，另一位诺贝尔奖得主丁肇中曾经下过一个定义：一件事情，你只要花一点力气就做得比别人好，那就是值得去做的事。

就像物理，很多人死活读不进去，但无论是丁肇中还是朱棣文，都学得很深。他们觉得物理很简单，从一开始就不用费太大力气，上学时物理和数学常常考满分。

3. 选择随着时间自然增益的事情

一定要去选择那些随着时间推移会自然增益的事情，因为所有人的时间都是一样的，你今天干这个或者干那个，都是同样要工作，要做事。有些事情，你干10年还是一样。有些事情，只要稍微用点心，每干一年就会进步一点。10年过去了，有些人在原地踏步，而你则很可能成了某个领域的专家。

纪录片《我在故宫修文物》中，每个人都在从事一件自己真心喜欢或者擅长的工作。更重要的是，他们所做的事情，虽然看起来很枯燥，但他们的能力会随着时间不断精进。每一个人——补漆的、修表的、临摹画的——干到最后，都成了自己所在领域能代表全国最高水平的专家。成为那个有影响力的人，这才是真正值得奋斗一生的事业。

发现自己真正价值的最好方式，大概就是在本职工作之外，永远给自己一些独立的空间和时间，尝试不同的可能。8小时以内是为本职工作，8小时之外才是为自己工作。不敢尝试，不愿跳出舒适圈，而满足于把自己的路越走越窄，最后勉强在一家公司混日子，才是对人生最大的辜负。

第三章

时间与平台

日头没有辜负我们，我们也切莫辜负日头。

——沈从文

这个世界上所有的东西，几乎都遵循资本的马太效应，金钱、人脉乃至教育，都是越富有的人越有，越穷的人越缺乏。只有时间，对每个人而言都是恒定的。所以，年轻人，尤其是家境贫寒的年轻人，逆袭的唯一资本，就是时间。

时间：

百忙之中，下一步“闲”棋

一家公司里有两个同样优秀的年轻骨干——A 和 B。

几年前，他们同时面临升任总经理助理（总助）的机会（不是那种拎包的小助理，而是一个高于总监的行政职位）。职位只有一个，两个人距这个职位都是一步之遥。从我们的视角来看，两个人难分伯仲。很快，一个在我当年来看完全难以理解的安排出现了：两人都没有得到这个机会，A 被留在了总部，负责日常管理，每天忙到焦头烂额，怎么看都像是重用。

B 被下放到了地方的分公司，看起来就像是被边缘化了。我那时候还很单纯，以为领导这样安排，最后肯定是 A 胜出。但万万没想到，仅仅一年多后，B 就从地方回到总部，正式升任总助，而 A 还在忙忙碌碌搞服务。

这件事，我在很久之后才想明白。

从领导的角度来看，对 B 的下放其实是培养，而对 A 的安排只能算使用。B 因为远离总部，有了一大段可以自由支配的时间，既可以更深入地了解业务，做出亮眼的业绩，更可以有更多的时间思考进一步的成长。A 的所谓被重用，不过是让一件又一件的杂事填满了所有时间，消耗了他的所有精力。最终，他陷入无穷无尽的既摆脱不了又出不了成绩的事务性工作。

不仅仅是这样的中层领导，许多刚参加工作的新手，也会面临这样的困惑："新人要从打杂开始，但打杂何时是个头啊？"

我一直认为，那些所谓用打杂来"历练"新人的说法，都是骗人的。干杂事不过是为了在短期内慢慢熟悉环境和工作，一旦度过了这个"初适期"，就应该很快进入业务场景，去做更有价值的工作。做事如用兵，庸兵 10 万不如精兵 1 万。

一定要记住，小事一定要做好，但一定不能只满足于做小事，特别对于上司没完没了地交给你杂事、小事的情况，一定要警惕。这很可能是刀不见血的办公室斗争。

无数心怀梦想的年轻人，就是在这种忙忙碌碌、无穷无尽的打杂中，失去了前进的动力和斗志，"死"在了职场发展的前期。

在个人成长过程中，最怕的就是组织对一个人光使用，不培养，让他天天忙到没有时间充电，没有时间调整，没有时间思考，那么即使这个人基础再好，也会在几年后被掏空，无法进一步发展。我将这方面的思考，总结成了三个问题。

第一个问题：我们为什么需要空闲时间

百忙之中，下一步闲棋是很有必要的。——《三体》

我的本职工作非常忙。在过去的几年里，我平均每年大概有 200 天不在家，不是在公司睡就是出差住在酒店里。年底最忙的一个多月，平均每天工作时长超过 18 个小时，经常需要加班到深夜。这几年，我的时间被工作塞得越来越满。

公司里有太多的会要开，太多的方案要做，太多的事情要去协调，还有太多的人际关系要去处理和维护。在这种情况下，哪里还有心思和精力去做长线的思考和更多的积累？我虽然学会了利用碎片化时间，但利用碎片化时间学到的一定是快餐式的东西。

我工作的前几年并不是这样。那时候，因为没有承担太多的责任，每天都是上班干活，下班回家，所以有不少可供支配的时间。

我利用这些时间，有计划地看了很多书、电影、纪录片，有规律地去健身运动，上培训班，学习新的技能。每年都会有几次比较远的旅行，登山，下海，徒步。我会思考很多问题，深入地梳理、复盘过去的生活和职业规划。这一切帮助我在工作的前两三年取得了非常大的突破。我写的大部分文章，几乎都是工作前几年经历、观察、阅读和思考的产物。

空闲的时间，不仅仅意味着休息和娱乐，更意味着沉淀与调整。

香港有一个名为《穷富翁大作战》的真人秀节目，邀请香港的富翁体验几天底层的生活。一开始这些富翁还是很有信心的，因为他们有那些穷人不曾有过的学历、经历和管理能力。

但在几天的体验之后，几乎所有的富翁都感到了绝望。他们需要每天一早就出门，往往到了深夜才能回家，疲惫不堪地匆匆入睡，然后第二天继续这种生活。这个节目最让我震撼的，不仅仅是贫富之间的巨大差距，也不仅仅是底层生活的艰辛，而是这种差距根本无法弥补，即使是那些曾经高高在上的富翁，一旦跌入底层，也很难翻身，因为在底层，活着本身成了生活中的一切。一个嘉宾在节目中说道："忙得我根本没有时间停下来，不要说坐着休息一会儿，就连喝水的时间也没有。"

"完全没有别的盼望，只想着如何能吃一顿好的。怎么会去计划下个星期？最重要的是解决下一餐。"

其中一位体育明星在节目的最后说："我这 5 天一共睡了 7 小时，但因为我知道历程会完结，所以能用'磨炼'来形容，但真正生活在那种环境里的人就像一支铅笔，不是越削越尖，而是越削越短。"

这还只是几天的体验。美国畅销书作家芭芭拉·艾伦瑞克的做法更极端，她用了一年的时间来体验底层生活，然后写了一本书——《我在底层的生活》。

在书里，她描述了一个无解的死循环。

1. 钱不够，得住在偏远的地方来节省房租。住在偏远地方，所以大量时间被花在路上。

2. 花费很多时间在路上，用于提升自己的时间越来越少。

3. 为了应付上涨的房租和生活成本，得承担更多的小时工作或者兼职。

4. 因为花了太多时间做各种劳苦的工作，她渐渐成为一台工作机器，无力去学习、提升自己，每天只是重复做同样的工作。

5. 然后，换一个地方，进入下一个循环。

上面所有的真实经历，都揭示了一个隐藏得很深的真相：没有钱，只能叫穷；没有时间，才是真正地陷入困境。

当你日复一日、年复一年只能被单调重复的生活和工作填满的时候，身心都会麻木。你能告诉我，你究竟是生活了这么多年，还是只是过了一年，然后重复了 N 遍？

第二个问题：什么占据了我们的时间

1. 空虚

因为我们害怕空虚，所以才会把自己的时间安排得很满。上班路上、地铁里、下班后、中午休息，每一段时间我们都恨不得用各种方式把它填满，甚至睡觉前还要看一段直播，玩一把游戏。因为一旦闲下来，我们就真的不知道自己要干什么了。

为了帮助我们填满空虚，内容生产商拼尽全力，写越来越有噱头的文章，制作越来越奇葩的综艺节目，设计越来越让人“爽”的游戏，牢牢霸占你的所有业余时间。

2. 失控

过了饭点才吃饭，工作拖到周末才想起来要加班，深夜宁愿对着无聊的电视换台，刷微信，点开一段弱智到爆的网页游戏试玩，也不愿意睡觉，然后第二天一直睡到下午……

比失控的生活更严重的是情绪失控，一旦心情不好，原本决定的所有事项都可以不干，整个周末都能抱着平板电脑在“治愈”的美好说法下，任由时间流逝。这种不规律的生活、消极情绪，会让你失去对时间的感知。

你的生活很满，但几年后可能会发现，满得毫无回忆。

3. 惯性

最典型的大概就是像我这样，把工作带回家的人。不知道从什么时候开始，我忽然意识到，我的工作和生活已经完全分不开了。我从来不敢关闭手机，回家就像是探亲。

和前面两种情形相比，惯性往往隐藏得很深，因为你没有空虚，也没有失控，只是习惯让自己这么忙，好像只有这样，你才能保持你现在所拥有的东西，才不会被进步着的社会抛在身后。

说白了，这不过是随波逐流，用忙碌换取心安而已。或者就像雷军说的：“用战术上的勤奋来掩盖战略上的懒惰。”

第三个问题：如何释放自己的空闲时间

上面我所谈到的所有没有空闲时间的现象和原因，总结一下，就是两个关键词。

一个是“太满”。无论什么原因，总之，你现在的时间已经排得太满了，除了忙碌什么也做不了。另一个是“太乱”。你有时间，但因为杂乱无章而变得无法好好利用，这些空闲时间就像薛定谔的猫一样，难以把握。

所以，让我们重新发现和释放自己空闲时间的法则也是两条。

1. 如果你的时间“太满”，那就在时间增量上想办法。

比如，压缩其他可以压缩的时间。

许多人都知道我有跑步、游泳和健身的爱好，我在三年前已经基本放弃了这些爱好，晚上睡觉的时间也压缩到五六个小时。利用这些节约下来的碎片时间，我才能阅读、思考和写文章。

这种方法终究只是治标不治本，真正能解决问题的方法就是给自己的工作和“踩刹车”。

给自己定下目标，再忙再累，也要看书和学习，定期输出思考的产物。

2. 如果你的时间“太乱”，那就在时间的存量上想办法。

比如，重建规律的生活。

我一谈到规律的生活，很多人都觉得知易行难。习惯于对自己放纵不管后，突然想改变自己谈何容易。所以，这里和大家分享一个独门方法，叫“用意志力去启动，让习惯来保持”。

拆解来说，就是用你全部的意志力让自己在某一天下定决心改变之前混乱的生活。

为了帮助自己下定决心，你可以设计一个很有仪式感的场景，或者通过某件事、某个人来触动自己，最好的时机恰恰就是当你的生活已经混乱到无可救药，你的内心已经悔恨到生无可恋时，一场触及灵魂的号啕大哭。

据我观察，无论这个人之前有多无赖，有多无所谓，在这时内心都是最强大的，这时下的决心才最有力，但这样的决心往往坚持不了三天。不要高估意志力，意志力是一种强力却不持久的东西，就像一团爆燃的火，能量极大而又转瞬即逝。你可以用它来点燃自己“重生”的开端，但要持续下去还是要依靠习惯。

每天固定什么时间做什么，几周或者几月后，就可以在你的大脑里建立新的神经连接，成为日后不动脑筋就能去做的行为。一旦你尝试整理自己的生活，让时间变得有序，就会发现，你其实拥有很多的空闲时间。

相信我，对绝大部分年轻人而言，时间就是逆袭成长的唯一资本。

资本：

你的时间资本，正在被“诈骗”

01_

10年之后，当人们回首2019年发生的故事时，有一个名字恐怕依然会被很多人记起——乔碧萝殿下。

凭借用图片遮挡脸部制造出的神秘感，加上温柔可人的声音，使粉丝对这位主播的样貌充满遐想。乔碧萝获得了大量粉丝的礼物打赏，排在粉丝榜第一位的男粉丝，为她刷礼物的花费甚至高达10万元。仅仅一个多月后，乔碧萝殿下就被具有娱乐精神的网友多次票选为“斗鱼一姐”。

后来，她在与其他主播连麦时，发生“翻车事故”。她用来遮挡脸部的图片突然消失，导致其素颜出现在镜头前。粉丝们发现，这位声音甜美的“小姐姐”长得完全是一副中年阿姨的样子。随后，她更宣称自己是58岁的老人，让网友不要欺负老人。这些内容，在网上引起轩然大波。

乔碧萝自称花了28万进行炒作，其中26万投给了B站，剩下的钱投在了今日头条、知乎、微博等渠道。想必那位男粉丝内心应该是崩溃的，乔碧萝遮挡脸部，用甜美的声音营造出“颜值主播”的人设，让他沉迷其中，并花费10万元，这毫无疑问是一种“情感诈骗”“金钱诈骗”。之后更多的网友却反而从别处奔向乔碧萝的直播间。在我看来，他们并没有意识到，乔碧萝殿下也对他们实施了一种“诈骗”——时间诈骗。

时间诈骗，是我组合的一个新词。我对时间诈骗的定义是：以占用他人时间为目的进行虚假炒作等行为，对他人造成时间损失的，就属于时间诈骗。

只要愿意去回顾网红成名史、网络热门事件史，你就会发现，类似的例子数不胜数。这些案例的共同点是：刻意利用虚假的信息来博得人们的关注。人们被虚假的信息吸引，或者为了辨别虚假的信息而分析，或者因一眼看穿虚假的信息而怒斥……不管怎样，这些网红都成功地博取了眼球。人们的时间，堆积成了他们的金钱。

02_

时间诈骗，不像金钱诈骗、情感诈骗那样为人所关注。这一方面是因为时间难以察觉，它不像金钱那样切实可感，也不像情感那样本身就意味着强烈的情绪波动。时间诈骗，是一种隐形诈骗。另一方面，这也是因为我们很多人还没有认识到时间到底是什么。

时间到底是什么？对绝大多数人而言，时间就是他们年轻时唯一可以拥有的资本。没错，时间是每个人都拥有的、极其重要的资本。

时间是资本，互联网产品经理早就非常清楚这一点。你打开抖音，就看不到手机上的时间，这才会有“抖音 5 分钟，人间 1 小时”的效果。你打开手机游戏，NPC 永远会有任务等着你，让你根本停不下来。哪怕你看个新闻，系统也会不断地根据你的兴趣为你推荐下一条。

消费主义正在掏空中国的年轻人。这些消费欲望不是被需求本身创造的，而是被阶层攀比的心理激发的。在看完许许多多的案例后，我的脑海里浮现出了另一个新的词语——时间消费主义。是的，产品经理、明星网红，他们正在绞尽脑汁地让我们陷入时间消费主义，不断把时间和注意力消耗在他们想让我们消耗的地方。因为，我们的时间就是他们的资本。时间诈骗，就是时间消费主义浪潮中的一个特别现象。

2019 年或许会是时间消费主义的一个拐点。2019 年 7 月，研究机构 QuestMobile 发布《中国移动互联网 2019 半年大报告》。报告数据显示，2019 年中国移动互联网月度活跃设备规模在 11.4 亿的位置触顶，人口红利的天花板已经来临。与此同时，用户平均每天花在移动互联网的时间长达近6个小时，但单用户的时长红利正在减少。这意味着，从此之后互联网上的所有产品都将在一个存量“时间市场”中争夺用户。吸引我们时间和注意力的方法，必将越来越精细。

那么，怎样保护好我们自己的时间？具体的办法有很多，比如，你可以规定自己每天的娱乐时间段；粗暴一点的话，你甚至可以关闭自己的朋友圈，卸载手机上的游戏和短视频软件……最根本的，你要不断地让自己认识到时间的价值。当某一天你实实在在地感受到时间比纯粹的金钱更宝贵时，自然会想尽一切办法守护自己的时间。

在这里，我只想告诉你时间这种资本的两个特点。

第一，时间一定会产生巨大的复利。在大学里，有人整天学习，有人整天玩游戏；有人早早地开始实习，有人看着直播，给女主播打赏；也有人不停谈恋爱，换男女朋友比换衣服还快。这4年里，其实你看不出大家的生活有多大区别。但毕业5年之后，跑在前面的人就已经很显眼了。毕业10年后，每个人的生活境遇更是千差万别。毕业20年再看，你会发现大家过的完全是不同的人生。这里说的不同，不是财富、地位这些世俗意义上的不同，而是整个人生状态的不同。

这些不同固然也与天赋、资源等因素有关，但最根本的决定因素就是时间。你的时间花在哪儿，你的果就会长在哪儿。所谓凡夫畏果，菩萨畏因，最应该畏惧与珍惜的，就是时间这个因。

第二，时间是会贬值的，时间的“通货膨胀”速度同样非常惊人。20 岁的时间、30 岁的时间、40 岁的时间，价值是不一样的，甚至可以说有天壤之别。20 岁时，你可以花大把时间去学习新的知识技能，积累新的资源。30 岁、40 岁时，大部分人不仅不可能拥有同样的大块时间，就算你拥有了同样多的时间资本——如果你还从头去做 20 岁时就应该做的事——也不可能获得同样的资本回报了。

小学的时候，我曾经学习过汉代刘向的名篇《师旷问学》。文章里，晋平公问师旷：“我 70 岁了，想学习恐怕已经晚了吧？”师旷不愧是个艺术家，很有幽默精神，回答说：“（晚了）为什么不点蜡烛呢？”晋平公当时估计内心就崩溃了，说：“有你这样戏弄君主的臣子吗？”师旷回答说：“我哪敢戏弄君主呢。”

原来，师旷就等着晋平公接着往下问呢。接着，师旷讲出了一段千古流传的名言：“少而好学，如日出之阳；壮而好学，如日中之光；老而好学，如炳烛之明。炳烛之明，孰与昧行乎？”

小时候好学，就像太阳初升，光芒万丈；壮年好学，如同中午的阳光，明媚耀眼；老而好学，就像点蜡烛的光。蜡烛的光虽然微弱，但总比在昏暗里行走要强。年少的时候，不经意被“时间诈骗犯”浪费了一些时间，你还有不少的日子拿来成长。但等到中年来临，如果你依然沉溺于“时间消费主义”的泥潭，那你挣脱的可能性将会越来越小。

已经浪费的，就是浪费了。逝去的时间和精力永远无法挽回，但无论如何，你醒来的今天，永远是你接下来人生的第一天。

复利：
告别“不假思索的忙”

01_

《稀缺：我们是如何陷入贫穷和忙碌的》一书里有一句发人深省的话：“贫穷之人会一直穷困潦倒，忙碌的人永远日理万机，孤独的人会终日形单影只。”说白了，你越缺少什么，你的全身心就越会被什么占据。

当活着就需要用尽全力的时候，你还跟我谈什么理想。当晚上 12 点前睡觉都是一种奢望的时候，你还跟我谈什么睡眠的重要性。就像那个段子说的——都说经常吃泡面对身体不好，我都顿顿吃泡面了，还在乎什么健康。

很多初入社会的年轻人，可能很快就会陷入“打工挣钱”的陷阱。因为缺钱，可能会变得越来越短视。为了多挣钱，什么活都干，最后让自己疲于奔命。最终，钱没挣多少，宝贵的时间和激情却全被消耗掉了。

《火影忍者》的作者岸本齐史，一开始也是穷得叮当响。

为了赚钱，什么流行他画什么，结果越来越没有自己的特点，沦为“作画机器”。后来被人点醒，他才痛下决心，不再将眼睛只盯在那些解决“吃饭的问题”的画上，而是去提升自己作品的内涵，学习更深更广的东西。

因为不再一味为迎合市场而作画，几年里他都过得很窘迫。但在过了那段贫寒的日子后，他注入了独特情感的作品开始越来越火，后来终于成就了漫画史上的传奇巨作《火影忍者》。

有时候你缺的，并不是那一两千块钱，而是思维和认知的改变。在我们的身边，可能到处都是十分紧急，实质却并不重要的事情。当我们为了养家糊口，想尽办法努力把这些事做好的同时，也意味着忽略了那些重要却不紧急的东西。

事实上，事情的重要性和紧急性是可以被你自己定义的。到底什么是重要的，什么是紧急的？

还是那句话，对大多数年轻人而言，每个月少赚点钱，可能会影响生活质量，但绝不至于活不下去。如果你不跳出来思考，一直把注意力集中在眼前那些需要耗费大量精力才能获得的短期利益上，你就很可能陷入忙忙碌碌却始终毫无起色的陷阱。这才是真正的没有出路。

02_

你如果仔细观察身边那些基础不好，偏偏还不努力的人，会发现他们大多都是在两种状态中：要么瞎忙，越忙越迷茫；要么彻底放弃，天天沉迷于网游、抖音、综艺节目、小说等，然后安慰自己平凡可贵。

要想突破上面这两种的束缚，唯一的办法就是跳出既有条件的限制。

我一直觉得，对于那些没有太多基础的普通人而言，能跳出来的唯一方法就是利用好时间。

这个世界上所有的东西，几乎都遵循资本的马太效应，金钱、人脉乃至教育，都是越富有的人越有，越穷的人越缺乏。只有时间，对每个人而言都是恒定的。

所以，年轻人，尤其是家境贫寒的年轻人，逆袭的唯一资本，就是时间。

时间对每个人而言都是均匀流逝的，你现在怎么利用你的时间，决定了时间在未来怎么回馈你。

你下班后极度疲惫，看抖音，玩游戏，这样也能过一个晚上；或者你先休息一下，然后去找一个学习的赛道，一个人偷偷练习，这样也是过了一个晚上。

相信我，忙碌的工作—短暂的休息—忙碌的工作—短暂的休息，这样的死循环，再持续几年也不会带来根本的变化。

你要么跳出现有的环境，让自己变得不那么忙碌（可能损失部分收入），就像很多名校的保安，因为有时间看书复习，最后逆袭考上大学一样。要么，就是逼迫自己，硬生生斩断这个链条，越忙越要关注自我成长，越穷越要在自己的学习上投资。

我们很多时候所谓的“没有时间”“没有钱”，只是把时间和金钱都花费到了那些对人生毫无帮助的事情上了而已。

其实，时间对每个人而言，就应该是独一份的。

同一个时间，我看电影就不可能看书；我刷抖音就不可能学习；我全情投入地打游戏，就不可能陪着恋人在河边散步聊天；我在高三的课堂上紧张复习，就不可能见到阿拉斯加的鳕鱼正跃出水面，看到冰岛的极光点亮整片夜空……

因为时间是单向的，过去之因种今日之果。你现在所做的，也决定了你将来所能得到的。

这让我想起了岳云鹏。现在，你经常能看到岳云鹏和一众明星大佬谈笑风生，似乎他一直就是他们中的一员。然而我们都知道，往前六七年，他大概很难和这些真正的明星大佬有交集；再往前大概 10 年，他可能还在为下次演出能不能登台发愁；再往前 20 年，他每天琢磨的大概是今天又刷了多少盘子，多久才能挣够钱把河南的老宅翻修一下。

也不过就是十多年的时间，他的人生已经发生了翻天覆地的变化。

所有变化的起点，都源于2004年，岳云鹏在饭店打工时，经过一个老大爷介绍，认识了郭德纲。从那一年开始，又经过了10年时间的历练、打磨、成长，等到机会来临，他参加《欢乐喜剧人》、春节联欢晚会的时候，影响力和能力已然势不可当了。

时间是线性的，那些现在看着厉害的人，只要往前梳理，总会理出线头来。看到他在某个时间段里，经历了非线性的变化，取得了突破式的成长。就像郭德纲说的："你可能是那一夜认识我的，可我绝不是一夜成名。"

03_

《复仇者联盟4》里，钢铁侠有这样一句台词："你玩弄时间，时间也会玩弄你。"

同样，你不负时间，时间也必不负你。时间对每个人都是一样的，你做这件事，或者做那件事，时间都会流逝。但在同等的时间里，你如果选择了价值含量更高的事情，获得的成长超出别人一大截，就相当于让你的时间产生了增值。

所以，为什么不去选择那些更有可能取得突破的事情来做呢？为什么不去试试，把时间也浪费一点在那些使你灵光一闪并觉得很有意义的事情上呢？

这些年里，我和别人聊天的时候，最讨厌听到的一句话就是："这有什么了不起？当年我如果去干了，会……"

是的，我承认，很多别人已经做成的事情，可能确实没有多了不起。知乎上有很多大V，一开始可能也就是写写自己日常学习和工作的心得而已；那些做短视频做到百万粉丝的人，一开始可能也就是坚持拿手机拍身边的一些东西而已；一些出书的人，一开始可能也就是在网上偶尔写写自己的故事而已。这都没有什么特别的技术含量。

互联网就是这样，只要他去拍了，他去发了，他去做了，他去写了，那么他的时间线里，就蕴藏了今后突破的可能。等慢慢有了积累，有了经验，有了名气，或者后来有了别人的投资，有了专业团队的加入，慢慢越做越大，几年后，他就从和你没什么两样，变成了拥有不一样人生的人。

你和他的时间线，就从你在不屑地想当然而他在不懈地做开始，出现了分化。多年后，你们就可能拥有完全不同的人生。

我当年刚开始回答知乎上的问题，看那些大V一个回答有几千个赞，而自己写下的回答无人问津时，真的感觉到了"高山仰止"般的绝望——我什么时候才能被几万人关注啊！

后来我花了很多时间去看大V的回答，学习他们写东西的经验，得出一个结论：他们那些被点赞成千上万次的回答也并没有那么好。只是他们把自己知道的写了出来，就存在被人点赞和关注的可能。

于是，我选择继续回答，一直到写了数十个回答后，终于写出了自己人生中第一个千赞回答。我一直在想，如果三年前我没有开始回答知乎问题，两年前没有开始写公众号，那么这几年过去了，我的时间也会被耗在其他地方，吃吃喝喝，打球，玩游戏，和朋友吹牛，聊聊各路大V。

因为在那个时间点，我选择去做一些尝试，随着时间过去，我成长起来了。我现在在知乎的关注人数接近20万，写下的回答得到了60多万次赞同，包括知乎、公众号、今日头条在内各平台的粉丝数已接近百万。我如果跳出来，不去追溯这几年里我都干了什么，单看现在这些数据，我都会想："我到底是怎么做到的啊？"

无他，没有辜负时间而已。

04_

知乎和微信上，有很多粉丝问我："我也工作好几年了，为什么总感觉一点起色也没有呢？"

这是个系统问题，可能跟专业匹配度有关，可能跟工作氛围、状态、能力有关，也可能跟单位的职业晋升通道有关，但真正的根源还是在自己身上。

如果昨天、今天的你都在做同样的事情，那明天的你做的事难道会不一样吗？时间是线性的，决定了如果我们现在没有采取什么新的行动，那么不远的未来也不太可能产生什么不一样的新结果。

要想让未来不再一成不变地继续走下去，你需要的是从现在起，去做两个大的尝试。

一是去尝试人生突破的可能

综艺节目《向往的生活》里，有一期请了两个嘉宾——李冰冰、任泉。晚上的时候，他们吃着火锅，聊着天，聊着聊着就聊到了当年是怎么出道的。按照李冰冰的说法，当年她从一个一般人可能都没听说过的鸡西师范学校毕业，在黑龙江省五常市当老师，参加一年一度的鸡西春节晚会时，遇到了演员高强。

高强忽然没头没脑地对她说了句："你考上戏去吧。"

当年没见过世面的李冰冰还傻乎乎地说了句："什么叫上戏？我不喜欢唱戏。"在听完高强的解释后，李冰冰觉得适合自己，就真的去考了上戏，之后就一路走了过来。在这件事过去 20 多年后，李冰冰在节目中感叹地说了一句话："人的命运就在那一刻发生了改变。"

这种改变命运的巨大转折，就是在原本线性发展的人生道路上，突然开启了一段"指数增长"。

二是去尝试拓宽人生边际

你不能同时经历两段人生，但在一个时间段里，你却可以交替做好几件事，接触不同的群体，同时兼顾 8 小时以内和 8 小时以外。

人生的很多机会，都不是谋定后动和努力就可以遇到的，而是需要缘分，可能在生活中兜兜转转，无意中就碰到了。你如果让自己的生活过得越来越小，打交道的社会面越来越窄，每天除了工作就是睡觉，那么从概率论的角度讲，发生突变的机会也一定很小。

更重要的是，没有那种时刻跃跃欲试，蠢蠢欲动的状态，没有那种不甘于平凡的精气神，遇到机会，要么会因为不敏感而轻易错失，要么会因为没有信心、底气不足，而黯然放弃。

人生的转折永远不会是直接告诉你晚上即将开奖的双色球号码那么直接而明显。人生面临转折的时候，往往也是你面临选择的时候，你根本不知道怎样的选择是对的，更不知道某个选择以后会给你带来什么，你能做的，只是趁着年轻更多地去尝试而已。

我在大学毕业以后想通了这个道理，此后几乎很少放过摆在面前的机会。公司里的座谈征文，上级部门的联合调研，大型活动的组织策划，各类外出培训……只要是我未经历过的，只要时间允许，就会去尝试。

我更发现，其实很多时候所谓的“没有时间”，只是把时间花费到了那些对人生毫无帮助的事情上了。

机会往往留给那些有准备的人，而命运的转折往往留给那些敢于抓住机会的人。

越是起点低，你唯一的凭借就越只有你自己。你身边唯一能够有效利用的，只有你自己的剩余时间。

你要想改变未来，需要做的是从过去的经历中反思总结。然后回到当下，采取与过去不一样的行动，不断尝试突破，拓展人生。越穷越忙、越忙越穷的你，应把时间拿来做更有意义、更有价值的事，最终才能改变人生轨迹。

你不辜负时间，时间也一定不会辜负你。

进阶：职场零差评生存指南

在网上买东西，店家都非常注重客户评价。原因很简单，好口碑才能带来更大的销量。在职场上同样如此，一个各方评价都很差的人或许能在某段时间走得快，但往往走不远。那些零差评的人，大部分都顺风顺水。希望这份“职场零差评生存指南”能给你一些启发，助你成为零差评、能进步的职场人。

一、职场零差评，不是为了成为老好人

职场是利益共同体，或者说事业共同体。我们的目标是取得更好的发展。所以，职场零差评，是让你的领导、同事、客户认可你的能力和人品，敢把重要的工作交给你或者与你合作。只有这样，你才有机会获得进一步的职业发展。

二、职场是一个组织

在任何组织里想获得好评，重要的是三方面：和事情打好交道，和人打好交道，管理好自己的定位。职场生存同样如此。

三、职场如战场，能够打胜仗是第一位的

办事靠谱永远是获得好评的前提。有人说，靠谱就是“凡事有交代，件件有着落，事事有回音”。其实这讲的是流程层面。在职场上，“办事靠谱”还需要你拿出成果。成果包括两点：把事办对，把事办成。

需要你判断该怎么办的事情，你能做出正确的方向判断并且去执行，叫把事办对。在这个正确的方向上按照要求完成，并且让利益相关方都认可事情顺利完成了，才叫把事办成。

方向错了，成果越大，坑越深；事办不成，和同事关系再铁也会生锈。所以，与其每个周末都忙着和同事聚会搞关系，不如先好好琢磨琢磨自己岗位上的事，怎么才叫办对，怎么才叫办成。如果暂时没有太多机会办事，那就去想办法证明自己的潜力。

四、不一定每件事都能办成，但一定要有积极主动的态度

领导和同事交代的事，不一定每件都要办，但决定要办的事，就要多上心。能力当然很重要，但我们大部分时候判断一个人，都更看重他的态度。如果你事事不耐烦，谁都不会

主动来招惹你，也没有人会把重要的事情托付给你。

这里还有两个值得注意的点：首先，每个人的职场能力都不是天生的，态度本身会影响你未来的能力。面对一个全新的工作，不管是谁都可能会蒙掉，也都可能会处理不当。这时候，领导和同事都不会怪你。但同样的事情做过几遍，有人会轻车熟路，有人照样冒冒失失。大部分时候这就不是能力问题，而是态度问题了。

其次，更重要的是，如果你对某件事情很不上心，别人除了觉得你态度不好以外，还会认为你对这件事情不满，或者对布置这件事情的领导或同事不满。这两个不满，都会被归结为一个不满：对领导和同事不满。除非这种不满是你的“策略”，否则永远不要让别人这样以为。

五、办事不顺，要驾驭好自己的情绪，办事顺利同样如此

逆境下能掌握好自己的情绪不容易，其实，在顺境下能控制住情绪也不容易。逆境下吐吐槽甚至骂骂娘都可以理解，顺境下高兴高兴也是人之常情，但不管什么时候都千万不能失控。

情绪有个特点，只要你失控一次，别人就会在心里默默地把你标记为“情绪不稳定”的人，始终和你保持距离。你甚至可能永远发现不了别人在刻意和你保持距离。相对而言，因为逆境而崩溃大哭，或者对第三方进行人身攻击，可能还会有人

同情或容忍你；但如果你高兴过头，各种炫耀，那你高兴的日子可能也快到头了。虽然人们可能容忍失控的弱者，但定会厌恶失控的强者。

六、和人打交道，必须先掌握足够的信息

如果你对周围的环境都不熟悉，职场对你来说就像一片黑暗森林，哪天你做错了事，别人给出了差评，你自己可能还浑然不觉。不需要刻意钻营，但公司内外那些重要的隐性规则要遵循，一些关键的人物分别是什么背景，这类信息你多少要有些了解。主要是要有这个意识，具体的办法不难，比如在一家公司里，总有些人消息灵通，经常能带来各种八卦信息，和他们走近一些，你就会知道很多有价值的资讯。

微博上的八卦没必要关心，但公司和行业的八卦不妨多知道一点。

七、信息要宽进严出

一方面要输入足够多的信息，另一方面更要严控输出，做一个口风紧的人。很多时候，信息就是权力，所以很多人喜欢有意无意地炫耀自己掌握的信息，比如把别人私下分享给自己的心事透露给他人，比如透露一些只有少数人被允许知道的公司秘密。

其实这种行为是很蠢的。信息不仅仅是权力，还是伴随着

权力而来的信任。你违反约定或要求而透露了信息，就意味着失去了信任。和情绪失控一样，这种行为出现一次，你就会被列入失信名单。

八、永远不要吝惜对别人的夸奖

对一个人的“评价”本身也是一个重要信息，你想获得一个好信息，就先给别人一个好信息；想让自己获得好评，就先给别人好评。每个人都喜欢被夸奖。我们说一个人爱拍马屁，那是因为他的话恶心、虚假，不管是被夸者还是第三方都听不下去。真诚而精准的夸奖，是对一个人最好的奖励。

给别人好评，不仅仅是因为别人会回报你，更是因为一个看事物总会先看到优点的人，往往是积极乐观的人。积极乐观的人谁都喜欢。与此同时，不要总传递负能量。特别是不要在背后说人坏话。坏话传千里，你说过的坏话总会进入对方的耳朵。

九、记住朋友圈不是“朋友”圈，而是社交圈

管理好自己的定位，首先要知道自己是职场人，要有一个稳定的人设。

业余时间你爱去蹦迪就蹦迪，爱去旅游就旅游，但没必要都发朋友圈让你的领导和同事知道。当然，朋友圈只是一个例子，这里真正想说的是，职场如战场，你的领导和同事是你

的战友，但不是你的朋友。只要让他们知道你做事靠谱、为人可信就行，在此基础上了解一点你的爱好与兴趣也不错。但是，有可能影响他们对你职场能力判断的私人信息，比如伤春悲秋的个人情绪、在家庭和感情中遇到的困扰等，就和你的爱人、家人、朋友去说吧，没有必要把自己完全暴露在外人面前。

在这个前提下，也要让大家对你的能力、为人、习惯有一个预期。管理不好预期，原本给你好评的人可能反过来给你差评。最容易理解的一个例子就是喝酒，如果你决定在饭桌上不喝酒，那就从第一次开始就不喝，一开始就不喝，最多被人开玩笑说几句，但一开始喝了后来却不喝，别人只会觉得你不给他面子。

十、管理好自己的定位，也意味着要管理好自己的外在形象，做到干净、精神、从俗即可

成功的政治家、企业家，有长得不好看的，但没有不干净整洁、神采奕奕的。周鸿祎打盹被雷军盯着，特朗普的头发在风中凌乱，这种场景发生的概率其实是很低的。大多数时候，靠谱的人一看就让人觉得精力旺盛、值得信任。

从众很重要，特别是对爱打扮的女生来说。在一家气氛活跃的游戏公司，你穿着 cosplay（角色扮演）的衣服去上班也没人管，但如果你在一家员工年龄平均比较大的公司，就不妨

打扮得保守点。人们习惯从外表和穿着去评价一个人，如果你显得太另类，人们就会把你当异类。人们欣赏不了你的美，就把你的美放到下班之后再展示吧。

最后，有必要再次强调：争取职场零差评，是为了让自己的路更宽，以获得更好的职业发展，而不是为了当老好人。一个淘宝店家会非常看重客户的评价，但对故意胡搅蛮缠的买家也很可能怼上一顿。职场上要把事办好，要把战友搞得多多的。但有时候，你也难免得罪一些人，这没有任何问题。唯一需要记住的是，可以结公怨，不要结私仇。

其实，敢得罪那些该得罪的人，你的领导和客户也会更加欣赏你。而他们，才是对你的职业生涯最重要的人。

领导：

从“怕”领导走向“用”领导

这个世界上吐槽领导的人永远比领导多。

每一份你想放弃的工作背后，都有一个你不想面对的领导。那么，如何与你“看不惯”的领导相处？

第一步：重新认识你的领导

要想学会和领导正确相处，首先，你需要克服“怕领导”的心理。我们小时候可能都有怕见老师的体验。反正我小时候最怕的只有两类，一是老师，一是鬼。要知道，我从小成绩一直非常好，但即使这样，每次放学后都最怕在路上碰到老师。问题是，我父亲就是老师，作为教师子女，我在家里不怕他，但在学校里居然怕他。后来大了，我明白了，我怕的不是他这个人，而是他的“老师”身份。

这个身份赋予了他可以正大光明地批评我、教育我、评价我甚至体罚我的权力。

基于同样的原因，我们还会在家里怕长辈，在军训时怕教官，在谈恋爱时怕女朋友她妈……说白了，很多时候你怕这个人，只是因为他所处的位置。

怕领导的心理同样如此。虽然，有些领导你看不惯，有些领导你受不了，有些领导你看不起，但他们都是你的领导。

在多数企业里，他们决定着你的绩效、你的薪酬、你的成长进步。更重要的是，他们决定着你工作时的心情。

带着糟糕的心情去上班的人，多半都是因为看到领导就很烦。其实，领导并不是怪物，只是因为各种各样的机缘巧合，让他处在了领导的位置。很多人不明白的是，为什么领导这么笨、没能力，也不见得有什么背景关系，但就成了领导。为什么呢？下面，我要介绍一个很重要的定律。

彼得定律：在一个等级制度中，每个职工都趋向于上升到他所不能胜任的地位。用通俗的话来说，就像是一名称职的教授被晋升为大学校长后，无法胜任；一名优秀的运动员被提升为主管体育的官员后，无所作为。

按照这个定律，你的领导资质再差也可能会成为你的领导，只要他坚持在这个系统里混着。这种现象在任何一个单位都不会少见，反正我知道某家单位的一把手是从一个办公室副主任提拔上去的，原因就在于这个单位排在他前面的领导都被抓了……

彼得定律还有一个延伸推论，那就是“如果你的上司已到达不胜任的阶层，他或许会以制度的价值来评判下属。例如，他会注重员工是否遵守规范、仪式、表格之类的事，会特别赞赏工作迅速、整洁有礼的员工”。

这种现象在体制内特别突出，许多领导根本不关心你有多少想法，有多少创新，有多大能力，但会特别在意你叫他时称谓正不正确，打电话的声音大不大，Word 文件的页边距符不符合他的要求……

如果你的领导是这样的，那么，不用怀疑，他很可能就是彼得定律的产物。好了，现在我们已经重新认识你眼中的他是怎么当上领导的了。理解问题是解决问题的第一步，这时候，你需要认真地问自己：“短时间内，我能换一份工作，或者换一个领导吗？”

第二步：学会隐藏你的真实感受

这是许多刚毕业的学生不能理解的，职场中的你和生活中的你可以完全不一样：生活里唯唯诺诺，职场里可以咄咄逼人；生活里小心翼翼，职场里可以大马金刀；生活里是个小公主，职场里可以当个女汉子……

职场不是家，不需要你对谁都掏心窝子，尤其还是掏“负面心窝子”。

领导面前，如果真诚真那么有用，还要那么多套路干吗。

藏起真实感受并不是让你成为一个虚伪的人，说违心的话，而是不要尝试和你的领导拉开架势“对着干”。除非，你做好了不成功便成仁的准备。

什么事儿，只要没撕破脸，大家就会做人留一线，真的撕破了，那就是生死存亡的职场斗争了。即使你真的不会隐藏情绪，即使全世界都知道你看不起这个领导，也不要留下实实在在的把柄，这会给领导一个正大光明的理由对付你。

我有一个同学在互联网公司工作。入职初期，单位就明令告知，内部的QQ、邮件都会被监控。她一直天真地以为只是在监控有没有泄露公司机密，不会人工审核聊天内容。

她每天和办公室其他同事一起吐槽她们的女领导，就在她们建的QQ群里。有一天，她的领导偶然通过后台看了她们的聊天记录，之后默默地看了整整两天。我觉得，如果她们的吐槽仅限于“×××没能力啊”“×××不干活啊”可能还好一点，但当她的领导看到群里铺天盖地的“×××那身材还穿什么博柏利啊，简直浪费钱，穿她身上也像地摊货”“×××今天打扮得像个老巫婆，那口红要涂得滴血了”“今天×××又发飙了，她是不是到更年期了啊？”等这些污辱性语言时，领导心里的愤怒可想而知，最后她们中的大部分人都被这个领导排挤走了，勉强厚着脸皮留下来的，也永远失去了晋升机会。这是血淋淋的真实案例。

第三步：试着欣赏领导的优点

欣赏每一个领导的优点。心理学研究发现，人和人之间的看法是相对的。

你怎么看你的领导，很多时候也会影响他对你的看法。你如果整天一副“我见领导多差劲”的样子，你觉得你的领导不会“见你应如是”吗？就像心灵鸡汤里写的：“我们去逛公园，只会去欣赏那里的蓝天白云、绿树红花，虽然我们知道在公园的某个角落肯定有脏兮兮的下水道，有硬邦邦的狗屎，但我们干吗要去看这些地方？即使遇到了，肯定也要想办法绕道走。”绕道走，这是一个很重要的策略。

每个人都是有多面性的，职场里十全十恶的坏人跟十全十美的好人一样稀少。

有时候，领导在你眼里十恶不赦，很可能只是因为你只盯着他“最恶”的部分来看，其实，人的情绪、心态和许多客观现象存在一个互相反馈的过程。

比如，读书的时候我们都有过这种体会：你越喜欢某门课的老师，那门课的成绩往往就越好；你哪门课成绩越好，你往往就越喜欢哪门课的老师。在职场里，这种反馈机制往往以负面的方式表现出来。

你越觉得领导针对你，你就会发现他越针对你；你越觉得领导故意找碴儿，他就往往越会故意找你的碴儿。

破除这个怪圈的关键就是，你要试着跳出这个圈，换个视角看你的领导。

我举一个例子。

我们的一把手脾气很不好，又很保守，常常搞得下面的人很难做事，但我每次看到他的时候，都会首先注意他几乎全白了的头发，注意他苍老而不健康的面容，就会想到一个和我父亲差不多同岁的人，还在单位里辛勤工作，心力交瘁，他的家人会怎么想？他的女儿会怎么想？

这样想下来，我不仅理解了他的脾气和保守，甚至有时候还可能会因为他的敬业和付出而感动。

第四步：学会利用领导的资源和信息

在很多地方，并不是你能力达到了什么层次，才能做什么领导，而是你当了什么领导，才可能具备什么样的能力。

最简单的例子，你不当领导，你怎么知道该如何管理下属？

你的领导之所以现在看起来比你强，就在于他所处的位置，有你不曾掌握的资源和信息！

我小学的时候是班级委员，拥有一些小权力，比如大扫除的时候决定谁来擦桌子，谁来扫地，作业没做完的时候让检查人员睁一只眼闭一只眼。

每到周一还会参加班委会。这个会上，老师一般会讲一些不会在班里公开讲的事，比如某同学家里出了什么事，下周要安排什么重要活动……

企业里同样如此，不同层级的人员能调动的资源和掌握的信息是不一样的。所谓的能力，有时候就体现在你能调动哪些资源，掌握哪些信息上。

你学会理解领导，欣赏领导的优点以及和领导搞好关系的最终目的，不应该是单纯地希望领导提拔你，而应该是利用领导的资源和信息来提升自己，让自己成长。

我再举一个例子。

我做人事工作的时候，单位里不管是招聘还是发工资，任务都是分派到不同的人头上，只有一项工作，人事部门经理总是牢牢握在自己手里，从不假人手。

那就是领导选拔，特别是初期的人选建议、内部酝酿过程。每个领导职位的人是怎么选出来的，高层是怎么考虑的，办公会上是怎么讨论的，整个人事部门，只有经理一个人参与。当我后来获得经理信任后，因为他的工作任务太重，所以他也会偶尔让我参与部分工作。

这时候，我才真正打开了新世界的大门，学到了很多受用一生的东西。所以，在你羽翼未丰的时候，你的领导往往就是你迎风起飞的最大助力。

不要自己堵塞了这条路。最后，作为曾经历上述所有阶段的人，我再真诚地谈一谈搞定领导，实现逆袭成长后的一个心理感受。

这时候的你不仅不会再厌恶那个你曾经“看不惯”的领导，甚至，你还会对他充满感激之情。因为当你经历了这些，细数来时的路时，不管是偏路、弯路还是回头路，都是唯一的路。这唯一的路，将把你送到今后更大的成功之处。

人际：

为什么心机重的人，却比你过得好

01_

我刚进大学的时候，班里有个女生，每次考试前，一定会大喊“哎呀，什么都没学，怎么考啊”“完了，这次肯定要挂了”“算了，不想复习了，要死大家一起死吧”。许多人被她一鼓动，就真的懒懒散散地不想复习了。等考试成绩出来，哇，她竟然考了第一名，几个受她鼓动最厉害的人差点没及格。

还是这个女生，后来当了班长，深得辅导员信任。有一年教师节前，她召集全班同学交“特殊班费”来给辅导员买礼物。过完教师节，只听她说礼物已经送给老师了，还让大家看了辅导员拿着礼物的照片。快毕业的时候，她闺蜜跟她闹翻了，才透露，这个女生私下拿着那笔钱买了礼物，一个人送到辅导员家里去了，并且从头到尾也没告诉辅导员购买礼物的钱是同学们凑的。

我工作第二年的时候，部门里新调来一个同事跟我配合，年龄和我相仿，和我一副称兄道弟的样子，然后只要在工作中发现我的问题，就一定会在部门所有人都在的群里 @ 我，似乎不通过这种方式就找不到我似的。“李哥，你的那个 ××× 好像拖了几天了。刚 ×× 主任打电话过来催了”“李哥，帮你在文稿里捉了条虫，你把领导名字写错啦”，后面往往还会跟着一连串卖萌的表情。

我跟大学室友罗胖子聊这事的时候，罗胖子说那算什么，有一次他们公司要内部竞聘部门副经理，他和另外一个哥们都可以去竞聘，两个人平时也很熟，经常一起加班吃饭。

那段时间里，那个哥们天天找他吃饭，抱怨公司太黑暗，说他知道那个职位其实已经内定了，自己不准备去“陪太子读书”了，省得折腾半天没聘上，还丢人，说得声泪俱下，有鼻子有眼的，然后极力怂恿罗胖子去竞聘。

罗胖子虽然单纯，但人不傻，心想你不想去丢人，我干吗要去。

最后竞聘结果出来，罗胖子发现自己真傻，那个哥们去竞聘了并当上了副经理。

我认识的一个姑娘，有一天非常气愤地向我讲述她遭遇的“心机婊”。她和那个女生一块进的单位，原本关系还不错。那个女生对她们的领导非常有意见，时不时就向她抱怨领导是个傻子，自己待不下去了。她每次都极力去安慰那个女生，有好几次见那个女生实在难过，就顺着她的话也说了领导几句坏话。

令她万万没想到的是，那个女生把她骂领导的话转头就发给了领导。

我说："既然她能去打小报告，说你骂领导，你就不会反过来说她啊？"

她说："我做不到。"

……

这就是许多人在生活里不得不面对的两大困境：

第一，人生这么长，你难免遇到一些有心机的人。

第二，对他们，你毫无办法。

02_

你骂一万句"贱人就是矫情"也没用，因为根据我的长期观察，其实这些人不仅没有"不得好死"，相反他们往往很牛，活得很精神，比如我大学里的那个女同学，毕业的时候获得了各种荣誉，直接保送名校；比如，罗胖子的那个哥们，当了部门副经理后，各种挤兑罗胖子，一直把罗胖子逼到辞职去创业为止。

为什么你心目中的"心机婊"可以混得如此成功？很多人，

并没有深入想过这个问题。

其实答案很简单。

你见过《动物世界》里一群饥饿的动物抢食物吗？抢得最狠的那只吃相虽然难看，但能填饱肚子，越来越强壮。举止优雅、不争不抢的那一只，可能会饿死。这个世界虽然不是动物世界，但资源和机会永远是有限的。在这些资源和机会面前，他们能做到的，你做不到；他们不要脸，你要脸；他们抢了你的那部分，你抢不回来。

他们凭什么不能比你过得好？要知道，这个世界不是非黑即白，里面有很多灰色地带。你在黑白分明的世界里摔得头破血流，也不影响他们在灰色地带里混得风生水起。你服不服？

03_

至少我从来不服。面对这些“心机婊”的成功，你要么比他们更心机，要么比他们更成功。我选择后者。

也正是在和他们的斗争与合作中，我变得成熟了。

所有的经验和教训，可以浓缩在下面的 4 句话中。

一、忽略“心机婊”的存在是非常危险的

“心机婊”在没有暴露出来之前，很多人并不知道。有的

人甚至被坑了无数次，都无法相信身边那个天天微笑的人就是背后捅刀子的人。其实，你只要注意观察，对身边谁是“心机婊”做到心中有数就行，也不要打草惊蛇，只是在和他们相处时要特别谨慎小心，别被卖了还帮着数钱。

二、别把“我是个好人”写在脸上

这是我最深刻的心得之一。因为我发现“心机婊”都有很强的自动识别功能，他们总会去寻找身边那些看起来老实、好说话的人，你看起来越人畜无害越容易成为受害者。进了社会，谁也不是一盏省油的灯，即使你真的是个好人，那也请“闷声干好事”。

三、不要以为“心机婊”就没有朋友

这是多少人的误区啊，“心机婊”的朋友很可能比你的朋友还多。你看小说、电影、电视剧里，哪个“心机婊”不是身边围着一堆人，反倒是“白莲花”主角经常孤孤零零。这里面的原因至少有两条：一是心机婊很喜欢装无辜，这层伪装不容易被拆穿；二是鉴于他们惊人的破坏力，许多人不得不选择妥协，有时候跟着走还可以混口汤喝。你可千万别碰到一个“贱人”就以为所有人都跟你对他的看法一样。很可能，在“心机婊”和其朋友的眼里，你才充满“心机”。

四、如果不能和平相处，就千万不要手软

当你的身边真的出现了“心机婊”，这绝对是一个危险的信号。因为你不知道他什么时候会侵犯你的利益，或者挖坑让你去跳。

最好的情况是，你让他觉得从你这儿捞不到任何油水，你也不会对他造成任何威胁，守好自己一亩三分地，让他无从下手。

如果真的有一天，你的利益被他侵犯了，就千万不要抱着息事宁人的想法而忍一忍就过去了。当年欧洲人就是抱着这个心态而被纳粹侵略了。

你可以忍一时，韬光养晦，积蓄力量，但一定要去观察和寻找他出现失误或者犯错的情况。一旦等到了这样的机会，就一定要穷追猛打，打到他怕为止。

“心机婊”都是欺软怕硬的，你“硬”一次，整个世界就消停了。

斜杠：

好的斜杠让你的优势相乘

01_

一个周末，我和蔡哥吃饭，才一年多，他的生活几乎发生了 180 度的大转变。

我最初认识蔡哥时，他是一个计算机工程师。后来，他竟然弃理从文，升职成为公司宣传部副部长。这一次见面，他又变成了研究部部长，并且很受公司高层器重。能在不同领域里不断跨界，关键还能连连升级，我觉得“斜杠”青年已经不足以形容他了，他简直就是“杠上开花”青年。

不过，蔡哥跟我说，他这两年的经历远没有我想的那么顺利。他不仅踩过大坑，甚至曾经觉得自己都快要失业了，能走到今天实属不易。

前些年，蔡哥每天过得很规律，简直就是个复制版的科幻作家刘慈欣：上班工作，下班写作。上班时，他就是一个兢兢业业的工程师，哪里的设备出问题就去哪里。工作并不是很忙，所以空闲的时候他就在脑子里构思小说和散文，回家后一有时间就写。几年下来，他出版了自己的作品，成了公司内外有名的才子。

那时候的蔡哥精力旺盛、兴趣广泛，除了工作和写作外，他也很热衷组织和参加各种各样的文艺活动。为了写历史小说，他还广泛涉猎历史学、地理学、心理学等学科的知识……可以说是个非常标准的斜杠青年。

很多工科男都有一颗文艺心，蔡哥是这样，他的领导也是这样。有一位副总裁就很欣赏蔡哥，经常主动约他一起打球、跑步，一起聊文学、聊人生。聊到兴起，副总裁说："小蔡，我觉得你不要再当工程师了，你应该去咱们宣传部搞宣传，否则简直白白浪费才华。"

不得不说，蔡哥当时还是比较理性的，听完这番话虽然开心，不过仍然觉得自己毕竟是计算机科班出身，没必要放弃专业，把爱好变成工作。这事也就暂时搁置了。

但是，不被说服的人从来都是很少的。和副总裁聊的次数多了，蔡哥心里也慢慢觉得自己可能更适合去做宣传工作。毕竟自己既懂业务，又会写作，跨界能力在公司里简直是独一无二的。过了一阵，恰好宣传部有个副部长的岗位空缺，于是副总裁便在高层会议上提了建议，之后把蔡哥调到了宣传部。

02_

到宣传部之后，蔡哥平淡的生活开始变得非常“有趣”了。一开始，蔡哥在宣传部确实做得有声有色，不管是给高层写演讲稿，还是做媒体传播，他的写作能力都让他在这个岗位左右逢源。

随着时间的推进，蔡哥发现事情似乎慢慢变得复杂起来。说复杂，其实也简单：他和部长的工作思路出现了分歧。

纷争的导火索是部门要开始发展新媒体传播。部长不知道从哪里学习了新媒体传播知识，认为写新媒体文章必须越短越好。蔡哥认为这种想法过于简单，有很多优质的公众号文章动不动就五六千字，因为公司是技术型企业，蔡哥认为太过简短活泼的内容不利于公司专业形象的建立。

微信公众号每周都要更新好几次，他们也就每周都要争论好几次。蔡哥发现，就算他认为自己肯定是对的，也根本不能说服部长。这和他以前做工程师时的情况是完全不同的。做工程师时，对就是对，错就是错。发现问题，定位问题，再解决问题，都是有章可循的，问题解决后设备也就恢复正常了。但是，做传播很多时候没有绝对的对错之分。蔡哥说，这样争了一两个月后，他觉得心力交瘁。

其实，当时蔡哥没有意识到，最重要的问题压根不是工作思路不同。很多时候，观点之争、路线之争都是假的，只有权力之争才是真的。部长之所以要和他在各种问题上争来争去，本质上就是争一个话语权。部长发现，蔡哥来了之后确实把工作搞得有声有色，但这样一来，不就显得自己以前搞得不够有声有色吗？这怎么行？

蔡哥说，他一开始没意识到问题所在。因为之前自己身边都是工程师，工作氛围很简单，有问题就直接争论，争出结果就一起干活，干完活还一起打球，再加上谁的绩效好、干得好，大家有目共睹，所以没有太多的钩心斗角。

来到宣传部后，他也和部长争论过好几次。每次争论完，蔡哥的态度是：绝不放在心上。部长的态度是：绝对不会忘……原因很简单，在部长看来，每一次争论都是蔡哥对自己地位的一次攻击。

当文艺青年遇到办公室老油条，不用想也知道结果。一次，部长借着一件鸡毛蒜皮的事，要给蔡哥一个侮辱性的惩罚。蔡哥的怒气一下子就上来了："我还能受你这种气？老子走还不行吗？"他一拍桌子，就打算辞职。但拍完桌子，他就坐下来了。他突然发现自己很困惑："我离开这家公司，到底能做什么呢？好像还真没法说走就走。"

回去做技术？不太适合。一是离开了一两年，技术有点生疏。二是做宣传工作之后，蔡哥倒确实开阔了自己的视野，也觉得之前的技术方向未来不太吃香。

换一家公司再做宣传工作？也有点难。毕竟自己在这个领域的经验有限。蔡哥也找之前组织文艺活动的朋友们聊了聊，看能不能一起做点事。这时候，他才发现，这些人里面真正能把事情做起来的少之又少。大部分人都是兴趣有余，专业性远远不足。自己之前本来也是把组织活动当作业余时间的斜杠身份，所以一直都没有意识到这些问题。

彷徨之际，蔡哥只好硬着头皮去找副总裁，把自己的困境一一讲给他听，向他求教。

副总裁对蔡哥还真不错。他仔细地了解了情况之后说："宣传部你是没必要继续待了，但我建议你不要辞职。就像你说的，现在走并没有更好的去处。正好我最近想成立一个研究部门，通过研究分析给公司一些业务发展做策略建议，你不如直接到我手下来，先把研究部门做起来。"

蔡哥问："做这块工作的有几个人？"副总裁说："嗯，目前只有你……"

蔡哥听完心里直打鼓，想着："这事好像也挺不靠谱啊，我这不成了'光杆'了吗？"但因为没有更合适的选择，蔡哥也就听从了副总裁的建议，干起了研究工作。

令所有人都没想到的是，这一下，蔡哥简直是如蛟龙入大海，很短的时间，就拿出了好几份优秀的分析报告，直接被CEO点名表扬了好几次。

工作做得好，更多工作就来了。很快，公司决定给蔡哥派不同的活，同时也不断给他加派帮手。不知不觉中，蔡哥手下陆续聚集了 10 个小伙伴。随后，公司也宣布研究部正式成立，蔡哥担任第一任部长。此时，距离他灰心丧气地离开宣传部，不过一年时间。

03_

蔡哥一边喝着酒，一边细细讲着他这几年来的种种经历。他说，自己虽然爱写小说，但从来没想过会有这样跌宕起伏的人生。我一边听，一边跟他一起分析这些经验教训。蔡哥的故事，给我很多启发。不过，我们一致认为最重要的一点是：对于“斜杠”这个词，我们有了很多新的理解。

第一，没靠斜杠赚过钱，就别轻易转行

蔡哥刚到宣传部的时候，觉得自己的事业大有可为，后来才发现这一行的坑实在不少，而且很多坑自己之前完全想象不到。除了前面说的两点——工作内容不像以前那样对错分明，人际关系远比之前复杂——他也发现，其实要说新媒体传播，自己也确实不够专业。

一开始，副总裁和蔡哥都认为，蔡哥写作能力这么强，做宣传工作一定没问题。但实际上，蔡哥以前的写作都是纯文学写作。他的逻辑能力和文字能力，让他能从容地驾驭演讲稿这类文字。但是，新媒体写作有很多新特点，他只能靠自己对文

字的感觉慢慢去学。由于他既没有新闻知识背景，又缺少新媒体方面的人脉可供咨询，所以，他的水平也只能说比部长好一些而已。

蔡哥说，那段时间他一边要不断疯狂地学业务知识，一边又要不断地应对部长捅来的刀子，第一次体会到什么叫身心俱疲。

斜杠可以为人生播下很多新的种子，但在这些种子真的能发芽之前，千万不要轻易地放弃自己原来的一亩三分地。这一亩三分地虽然可能贫瘠，但至少能产粮养活你。

第二，没有一技之长，再多斜杠也枉然

我后来把这句话总结为一个斜杠定理：0/N = 0。如果你没有专业度，哪怕有再多的斜杠身份，结果都是 0。

蔡哥身边有不少文艺青年，他们觉得有可能把业余爱好变成自己的事业。但当蔡哥想离职寻求出路的时候却发现真正能把爱好做成事业的人太少了，很多事情都是做着做着就没有下文了。

我和蔡哥还一起分析了一下身边把斜杠事业做成功的人，发现他们都有一个共同的特点：他们在本职工作上做得都不错。也就是说，这些人本来就是能做成事的人。而凡是自己本职工作完全做不好，想靠斜杠事业来改变人生轨迹的人，最终几乎都失败了。

副总裁后来告诉蔡哥，其实派他去做研究工作的时候，副总裁心里也是没底的。但有一个原因让副总裁认为可以让蔡哥试试，那就是蔡哥不管是写作，还是工作，都成功过。事实证明，成过事的人，不管做什么也都更容易再次成功。

第三，斜杠能不能成为主业，还是要看是不是符合你的能力

这是我从蔡哥身上体会最深的一点。这里说的能力，有特定含义。

一家公司有产品研发部门、市场销售部门、运营部门这样的模块划分。一个人的能力在这些领域里也各有不同。蔡哥说，后来他做研究工作，在很多人看来跨界非常大。但在他自己看来，这份工作真的不难，所以他才能快速成长。

这里面最重要的原因不是别的，而是因为研究工作和他之前的工程师工作、写小说的爱好一样，最需要的都是“产品研发”能力。他非常擅长挖掘海量材料中的有效信息，提炼重组，构建出一个体系化的产品。写研究报告，写历史小说，其实有很大的相通性。相反，宣传部的不少工作需要的不仅仅是输出文章的“研发”能力，更需要和市场销售相关的“营销”能力。而后者，正是蔡哥的弱项。

斜杠能力运用得好，真的是人生进阶的一大法宝。只不过，你一定要分清楚，你抓住的到底是法宝，还是一根脆弱的稻草。

我认为，最有价值的斜杠能给你的人生带来乘法。其中一种乘法能够让你的不同优势相乘。蔡哥做研究，除了能发挥自己的产品研发能力外，还用到了他的另一个优势——专业技术积累。

从技术男转岗做其他事情，可能技术能力就用不上了，但转去做研究，技术积累则正好可以帮助他对行业有更深的洞察。如果你的某项斜杠优势能和你的主业优势发挥形成合力，那很可能会让你具备别人难以拥有的独特竞争力。

除此之外，斜杠的意义也在于，它能给我们的人生带来另一种乘法。

我和蔡哥相约吃饭那天，当我走进饭店时，发现他已经到了，正在读《阿勒泰的角落》。这是女作家李娟的一本散文集。这几年，他的包里似乎总会放着一本散文集。我问他："你还在写散文吗？"他微微一笑说："是的，现在很忙，时间不多，不过还是喜欢写。"我听完，也微微一笑，没有说话。

我知道，对他来说，写散文是一种享受，哪怕这不会给他带来任何经济收益。

有价值的事业，是生命中的太阳，而有意义的兴趣，则是生命中的水滴。太阳乘以水滴，等于一道绚丽的彩虹。

思考：

时间在变，但有些道理始终相通

01_

任何一份工作都不是永恒的，你做过的工作在你之前已经有无数人做过，在你之后还将有无数人去做。所以，重要的不是你做了多少工作，干了多少活，而是能不能给你带来积累（包括但不限于积累你的财富、专业经验、人脉资源、背景履历等），否则工作再久也不过是原地踏步。

02_

能让不同的人快速结成同盟的，除了利益和感情，千万别忘了，还有共同的敌人。所以在职场里，只要看到有人抱团，不用深入分析也知道，这个小团体一定会有一个到数个共同的

"敌人"。

03_

搞经济的话，一群人搞几年都不一定能搞起来；但是要搞斗争，两三个人几天就能搞得如火如荼。所以，不要对人生中无处不在的斗争感到惊讶；更不要没完没了地去参与小圈子内斗，有那个时间，不如想想怎么提升自己，怎么跳出这个小圈子，怎么多挣钱。

04_

有些时候观点之争、路线之争都是假的，只有权力之争才是真的——这句话在网上也适用，那些对着任何一件小事都能天天吵来吵去、撕来撕去的人，他们争的权力叫"你们都得听我的"。

05_

当一个观点已经有很多人拥护的时候，怎么能让自己的观点最快捷、最简单地得到人们的拥护？答案就是提出一个截然相反的观点。一个观点有多少人支持，就一定会有多少人暗暗反对，无论它表面上有多正确。所以，谁敢站出来唱反调，往往就能获得意想不到的支持。

06_

实践告诉我们，无论多么偏激甚至脑残的思想和观点，都一定会有人赞成和支持，真正的难点在于，如何让潜在的支持者接触到你的观点，即把你的观点精确传播给你需要影响的人群。

07_

所以，世俗的世界里，真正应该去追求的东西不是权力，也不是金钱，而是影响力。娱乐明星靠外貌、声音、人设来影响粉丝，作家靠思想和文字影响他人，乔布斯靠产品影响世界。影响力可以在两个层面被衡量——时间上的深远和地域范围上的广大。你的影响力有多深、多广，你就能将其转化为多大的权力或财富。当你的影响力足够大，但并不诉诸权力和财富的时候，你将会获得不朽的名声。

08_

很多人并不明白，权力其实是很难被继承的，它的产生和持续，需要特定的人际关系网和无数的约定俗成，而这又往往和特定的个人能力、经历乃至人格魅力密切相关。这些都无法直接通过血缘关系获得。

09_

人在夜晚，大脑前额皮层对情绪的控制能力会减弱，容易做出一些正常情况下不会做的事情，说出一些正常情况下不会说的话。

所以，有些重要的决定，一些不该说的话，一些不该见的人，最好不要放在晚上去做、去说、去见。

10_

两个原本并不十分熟悉的人，因为机缘巧合需要一起待至深夜，那么最好早早结束谈话。

当日常生活、娱乐八卦等都聊完了，而谈话又迟迟不能结束的时候，你们迟早会聊出一些不该聊的话题和不该聊的事情，又在第二天早上后悔不已。

不要给“交浅言深”留下实践上的可能性。

11_

不要逞一时口舌之快，有把握的事情，不用说，做就是了；没有把握的事情，说了之后，变数更大，更难以把握。

12_

事可以做绝，话不能说绝，特别是很多人在冲动地把话说绝的同时，却没有做好把事做绝的准备。你说完了，别人却听进去了，你说到但做不到的事情，别人可能没有说却闷头去做了。

所谓的城府就是，咬人的狗不叫唤，杀人的刀不见天。

13_

要想快速、透彻地看清一个人，最好是你的地位、见识、思想或经历在其之上。这就是识人的俯视原理，如果你仰视着一个人，那你根本看不透他。

14_

人生最大的幸福是，通过事业的成功实现财务自由。因为在一个稳定的社会环境中，财务自由意味着人的身心自由。之所以需要通过事业的成功来实现财务自由，是因为没有事业和目标的自由，往往容易让人陷入无意义与失控。

15_

一个人出生在什么家庭，得到什么教育，有过什么经历，可能会影响一个人多数时候的思维、行动和对世界的看法。

人生虽然参差多态，但总是有迹可循。绝大多数人的一生，都像是已经提前写好的程序一样按照既定轨道走下去。

要想减轻那些既有条件的影响，往往需要付出非凡的努力，更需要非凡的际遇。

以上的“道理”大部分是我在大量的阅读和实践经历后，为自己总结出来的。

如果你愿意，像这样的道理，你可以从人生的不同阶段，在经历不同的事情后，总结出来。这些道理有没有用？当然有用。不管这些道理是深奥还是浅显，是干货还是鸡汤，都是对一定社会现实的经验概括。

从小到大，我们面临的世界越来越复杂，万事万物间的关系更是纷乱复杂。为了对抗世界的复杂性，最基本的工具就是概括。通过这种手段，巨大而复杂的世界与社会被打包进我们小小的大脑。如果没有这种方法，我们只能面对数以亿计的个别经验，这些经验就像是一盘散沙，各自独立而且没有意义。总结与概括这些道理，可以帮助我们建构对这个世界的基本认知，由此出发才能对这背后更复杂的世界进行推理。

很多时候，我们略带讽刺地说："懂得很多道理，还是过不好这一生。"

事实上，并不是这些道理没用，而是对你没用。

有很多人分析过深层次的原因，大部分的说法都是站在实践的角度，解释为"道理都懂，然而执行力差"。但我觉得，对多数人而言，真正的原因很可能比这还浅显、简单，就是两条。

1. 你根本没懂

我高中时的数学老师，一直都在学校里专门辅导数学竞赛。这就导致他在上普通班的数学课时，根本提不起兴趣。他在讲题的时候，经常跳过好几个步骤，直接给出最后答案，然后问同学们一句："听懂了吗？"

下面传来一片"懂了"，但到考试的时候就麻烦了。实际上大部分人都是似懂非懂，不懂装懂。在道理面前，我们扮演的也正是这样的角色。道理再精妙，如果我们不能从思路上明白它的概括推理过程，其实根本就无法真正理解。

有些道理，之所以能够让人得到醍醐灌顶的启发，甚至改变一个人的一生，也正是因为人在苦苦思考中，正好到了需要得出却迟迟无法得出结论的关键一步。

这时，人提前看到了想要的答案，于是豁然开朗，恍然大悟。

2. 你压根儿没记住

这是一个好笑但又无比真实的原因，我之所以敢这么肯定，是因为我很多时候都会忘了曾以为无比深刻的道理，即便这些道理还是自己总结出来的。

运动需要长时间练习才能变成不假思索的肌肉记忆，何况这些经验性的话语，更何况这些话语大部分还是我们从别的地方看到的。

传说岳飞的母亲曾在岳飞的背上刻下“精忠报国”4个字，这既是通过一种仪式感让这4个字的含义更神圣，也是为了时刻不断提醒他不要忘记自己的使命。而我们所收藏、点赞、深有同感的道理，又何止4个字。你能记多久？

不要高估自己的记忆力，对那些你真正觉得认可的道理，你需要每次遇到类似情况的时候都提醒一下自己。

比如，你既然相信“切莫交浅言深”，就一定要在遇到原本并不熟的人聊到深夜时，不断在大脑里警醒自己“刹车”。反复试验，反复提醒，直到它变成你的思维习惯。

好了，现在通过长时间的努力、思考、实践、提醒和固化，你终于形成了一些能指导自己为人处世的观点和道理，但也不过只是入了门。

下一步，才是真正决定性的关键点。

很多人，到了这一步后就裹足不前，守着一二十岁时的人生经验过一辈子。有的人，选择继续前行，不断吸收新的东西，改变已掌握的那些固化的道理。

我在刚上初一的时候，看了一本书——《厚黑学》。看完之后，大为震动，感觉自己就像拿到了开启新世界的钥匙。与同学聊起历史人物、社会现象，动不动就从厚黑的角度进行分析和阐释。直到在大学里看了更多的书，接触到了更大的世界后，我的想法发生了根本性的变化。

厚黑学只是给了你一个看待问题、分析问题的视角，并不是唯一、准确的视角。曹操成为乱世枭雄真的是靠“心黑”？刘备建立帝皇霸业是因为“脸厚”？研究曹操，要去分析他的政治组织能力，如何在权力间纵横捭阖；谈到刘备，要看他的几个关键阶段，是如何拉队伍，搭班子，建立第一块根据地，又如何北抗曹魏、南连孙吴，三分天下的。这些，又哪是“脸厚心黑”就能解释的啊！

你解释这个世界的层次和境界，决定了你的人生格局。你需要不断观察这个世界，经历不同人生，总结、吸收很多的人生经验，并将其固化成不假思索的思维习惯。然后，随时准备吸收新的观点，纠正你的看法和人生策略。那时，你就不再只是懂得很多道理了，而是掌握了一门古往今来，无数人都想知道但很多人知道也不会说的东西——屠龙术。

第四章

视野与格局

先立乎其大者，则其小者弗能夺也。

——《孟子》

当你从小格局走向大格局，当年那些看似完全无法摆脱的问题都会迎刃而解，比如，家境问题、自卑问题、感情问题、收入问题、职业发展问题等。当你打开了自己的世界，提升了自己的思维眼界，相对于过去的你，也是一种“降维打击”。这才是一个人越来越强大的“终极密码”。

观点：

与观点不同者的正确相处之道

01_

我读大学的时候，喜欢成天泡在网上看文章。那时候新浪博客风头正劲，微博也逐渐兴起。我每天都能看到大V们在自己的博客里讨论各式各样的问题，非常过瘾。但是，看得多了之后，我发现一个问题：不管是谈房价还是谈八卦，不管是谈科技还是谈文艺，网上似乎永远都有截然不同的观点。有意思的是，不管持有哪一种观点，不少人似乎觉得自己的观点肯定是正确的。

中医和西医问题，就是一个永远会引发论战的话题。有一段时间，我正好关注这个话题，网上截然不同的观点让我感到很困惑。有不少人认为中医中的五行、阴阳等学说很有道理，但也有不少人认为中医的作用就是安慰剂。我是不懂医学的，所以如果你要问我对中医和西医的看法，我基本上会建议你去咨询专家。很显然，网上的这两种观点我都不能认同，而又分别有不少人甚至大V坚定地支持其中一方的观点。

作为一个人文学科的大学生，我对于阴阳、五行这两组概念有一些粗浅的了解。我一向只把它们当作思想史中的“观念”，也知道它们并不是什么科学理论。但我也觉得，把中医当作纯粹的安慰剂，这种想法也实在太简单了。我和身边的小伙伴开玩笑说：“吃辣椒，嘴会觉得辣，身体会流汗；喝粮食酿的酒，头会晕，走路会不稳，怎么那么多种熬出来的草药就都是安慰剂了呢？哪怕有毒，也不是安慰剂呀。花花草草不要面子吗？”

当时，我确实困惑了一阵，想弄清楚观点截然不同的各方到底是怎么想的。后来我看到的热点事件多了，才恍然大悟，互联网上的许多人（不是所有人）对于“中医”这类话题的讨论和对于明星八卦话题的讨论，本质是一样的。他们讨论的出发点根本不是观点，而是情绪。面对情绪问题，想用理性去沟通基本没戏。

02_

如果说互联网上的观点之争，很多时候是情绪之争，那么职场上的观点之争，往往就是利益之争。你具体的观点是什么，反而变得不那么重要。

如果面对的是互联网上的情绪之争，我的解决办法很简单：求同存异，搁置争议。比如对于网上关于中医的讨论，我基本不参与。如果在生活中遇到专业人士，我可能会请教他们的观点来启发自己的思路；但如果是和普通人聊，无论他的观点是什么，一旦我发现其实他陷在自己的情绪里，我就会直接换个话题。这样做的好处有两个。第一，不会伤了和气。原因很简单，你不可能说服一个陷在情绪里的人。第二，节省时间和精力，辩论是非常耗费时间和精力的。

当遇到所有我认为是情绪之争而非观点之争的话题时，我就会告诉自己：这就好比是在讨论到底是赵敏值得爱还是周芷若值得爱。这个问题，就交给张无忌去思考吧。

如果你发现观点之争，其实背后只是利益之争，那就应该从利益的角度考虑解决办法。最好的办法不是别的，而是找到一个共同的敌人。这样，你们就能成为战友，拥有利益“最大公约数”。

03_

虽然在生活和工作中，观点之争的背后往往是情绪之争或者利益之争，但有时候，你也会遇到认真和你讨论观点的人。对这样的人，你一定要珍惜。

在小学课本里，有一个名叫《两小儿辩日》的故事。有一天，孔子东游，看到了两个小孩在辩论，就问他们在辩论什么。第一个小孩说："我认为太阳刚升起时离人近，中午的时候离人远。"第二个小孩说："我认为太阳升起时远，中午时近。"第一个小孩接着说道："太阳早上的时候像个车盖那么大，中午的时候却像个盘子，不是因为远的时候看起来小，近的时候看起来大吗？"第二个小孩又说："太阳刚升起来的时候天气很凉快，中午的时候天气却像把手伸进热水那么热，不是因为近的时候热，远的时候凉吗？"

故事的最后说"孔子不能决也"。孔子也无法判断谁对谁错。于是两个小孩便笑着说："谁说您很有智慧呢？"

小时候第一次读到这个故事，我非常想知道到底哪个小孩说得对。现在，我反而非常佩服孔子的态度。这两个小孩的观点都很有启发，但谁对谁错，不知道就是不知道。此前认知的终点，才是今天讨论的起点。真理越辩越明，正是从这样有价值的观点辩论中开始的。

所以，如果你遇到了一个总是和你持不同观点和态度，但又往往能给你启发的人，一定要好好珍惜。因为，只有伟大的对手，才能成就伟大的自己。

消费：
被消费主义掏空的年轻人

01_

1768年，库克船长即将开始他的第一次航海之行，他的主要任务是观察“金星凌日”现象。与他同时被派出去的，还有其他几支船队。其中很多人没有能够最终返回家乡，因为在当时，有一个对远航的水手而言十分致命的“杀手”。

在长期的航行中，很多水手会患上一种疾病，变得慵懒昏沉、心情沮丧，牙龈等软组织还会出血，直到恶化、死亡。这种疾病就是坏血病（维生素C缺乏症）。

正是在这次载入史册的远航中，库克船长创造性地解决了这个问题。

他发现，荷兰的船员很少得坏血病。进一步对比后发现，荷兰人的船上有一样东西是其他国家的船上没有的——酸菜。

荷兰人认为，自己的船员之所以不会得坏血病，是因为上帝的庇护，圣光护佑。

库克船长认为：“忽悠什么啊，你们之所以不得坏血病，很可能是因为口味重，喜欢吃酸菜。”于是在出发前，他命令水手们往船上搬了很多酸菜。问题在于，当时的酸菜真的很重口，而他的船员，不喜欢吃酸菜。

库克想了一个办法，他宣布只有高级船员和有地位的人才能吃酸菜。

后来，又批准个别表现好的船员可以吃酸菜，这让很多普通水手很嫉妒。经过很长一段时间之后，库克才松口说：“普通水手每周有一天可以吃酸菜。”最终，他如愿以偿地让船上所有人都吃上了酸菜。

现在我们都知道了，得坏血病是因为缺乏维生素 C，吃酸菜防坏血病，只是因为酸菜里保留了蔬菜中的维生素 C。因为成功地在船上掀起了吃酸菜的风气，所以在库克船长的航行途中，很少有水手因坏血病而死去。

接下来的 10 年里，世界上大部分海军采用库克船长提倡的海上饮食，拯救了无数水手和乘客。

02_

这段历史的真实性，已经很难考证了。但这个看起来和消费主义八竿子打不着的故事，却恰恰揭示了一种广泛存在的从众心理。

人们总是倾向于甚至热衷于模仿上层阶级的行为和生活方式。就像中国古代那个“楚王好细腰，宫中多饿死”的典故一样，库克船长正是利用了这种心理，挽救了他船员的性命。如何让原本不喜欢吃酸菜的船员心甘情愿甚至抢着吃酸菜，和现代社会里如何让普通人进行高消费本质上是一样的。

不是需求本身创造了消费，而是阶层攀比的心理激发了消费。

这样的心理，在中国高速发展的几十年里，被不断释放、放大，最终演变成了一股消费主义的滚滚洪流。我小时候，看课外读本之类的，经常会讲到中国人喜欢存款，还举例说正因为中国人不像外国人那么喜欢消费，所以经济发展没有别人快。现在，我看到的新闻几乎是相反的说法。

2016年的新闻还在强调“中国人均储蓄超4万元，为什么你还不敢花钱”。2017年底，变成了“中国人均存款才1.9万元，钱都去哪了”。与此相对应的是，居民人均贷款逐年攀升。2017年，居民贷款已经在当年全部贷款中占比超过50%，这还不包括那些乱七八糟的“地下贷款”。

事实上，这些年，我们的钱大部分都去了两个地方。

一是早买房。理由很简单，买到就是赚到。

二是高消费。理由更简单，买不起房，还不如好好享受。

所以，我们看到社会消费品零售总额不断上涨，亲眼见证一年又一年“双十一”购物狂欢刷新的消费纪录。

在这两个“无底洞”的不断吞噬下，许多年轻人实际上早已过上了入不敷出的生活，成为传说中的“无产中产阶级”。

此前，我看到了一个令人震惊的数据。

截至2018年上半年，内地社会消费品零售总额增速只有8.5%，不仅远远低于预期，而且创下自2003年5月以来的最低水平。这意味着在持续多年的高速增长后，整个社会的消费能力开始萎缩。

03_

那么，我们是怎么被消费主义带到沟里去的呢？

《奢侈带来富足》一书说：“从历史来看，绝大多数人对奢侈品的心态是矛盾的。一方面，在道德上常常鄙夷，因为它是多余的，代表了社会分配不公。另一方面，人性的本源并不排斥奢侈品带来的享受。”

我还看到过一个段子，有人问：“如何判断大牌包包的真假？”答：“背半年，质量差的是真的，质量好的是高仿的。”

奢侈品之所以成为奢侈品不是因为质量好，也不是因为性价比，更不是因为实用，而是因为总有上层人士为它们背书或者站台。说白了，奢侈品就是库克船长的酸菜。

不管是不是口味重、好不好吃，只要有人相信这个东西是上层人士喜欢的就行。

《人类简史》一书提出，人类之所以能够形成庞大的群体，核心就在于人类学会了一种独特的技能——想象。

比如隔壁老王相信人是女娲捏出来的，楼上陈大爷也这么认为，那他们就能天然形成一个群体。你要是觉得胡扯，人是猴子变的，就注定要被他们排斥。大众传播，互联网加速了这种想象的形成。我们现在打开电视、视频，甚至公众号的文章，满眼都是那些明星、大V在不遗余力地渲染所谓的高品质生活，在告诉你要过更精致的生活。

实现的办法，就是远远超出自身需求或收入的消费。

信，所以成真。

一个包或者一块表，并不能让你真正跨越一个阶层。

我们以为买了一个奢侈品包包就跨越了阶层，其实，我们只是在给身边同一阶层的人看，同时为这种想象中的跨越缴纳高昂的“阶层智商税”。

04_

抖音上有一个很火的女孩叫温婉，火到连我这个从来没有安装过抖音的人都知道。

她的成名作就是在车库里唱了一段魔性的歌，内容就是两个奢侈品牌：Gucci Gucci Prada Prada……

这吸引了几百万人关注。

不久之后，温婉被封了，但在抖音、快手或者其他直播平台上，像她这样的女孩还有很多。在这样的直播平台里，满屏的小哥哥、小姐姐，花样百出地炫耀着他们的名牌包包、化妆品、衣服、手表，乃至豪车、别墅……

可以想象，会有多少年轻人被他们影响，做起下一个温婉的梦。

学习多苦啊，读书多苦啊，人家发发视频就比考上北大、清华还有名有利，当网红、赚钱、整容才是人间正道。

对这样的现象，有的网友说得特别好："17 岁的年轻人最应该干的，是在酒吧喝酒，还是备战高考？如果你家境优渥，又碰巧有自我做主的能力，前一种人生当然无可非议。但是有多少人有这样的命？又有多少人做着同样的梦？"

向往更好的生活，想买更好的东西，这样的心理其实很好理解。古龙在《多情剑客无情剑》里提过一个例子。一对厨子，饭馆打烊后，他们在后厨给自己炒了盘菜，找点小酒，很惬意地吃喝一番，舒服了一两个时辰。

古龙说："他们还活着，就是因为一天还有这样一两个时辰。"

如果你购买的奢侈品能真正让你感到开心，而不是在买了之后感到心虚，那节衣缩食一段时间后的奢侈一把是无可厚非的。可怕的是，你被各种各样的洗脑言论带歪，陷入了消费主义的陷阱，把人生所有的幸福都寄托在消费上。

有的小姑娘秉承着“做一个精致女孩”的宗旨，用名贵化妆品，吃穿用的东西都印满了大牌标识，过着购物、拍照、发朋友圈的日子。

一个月的工资消费一大部分，张口闭口衣服、鞋子、包包，好像能进同样的餐厅吃饭，选同样的自拍角度，就迈进了社会精英的大门，从此开启了独立精致的新女性道路。但问题是，消费所带来的幸福感是边际递减的。

开始时，买一支几百元的口红都能开心很久，到之后几千元的包包也就那么回事，再到最后上万元的饰品也就只能让人心动一小会儿了。人的欲望是内心里躁动的巨兽，一旦释放出来，内心反而会感到更加空虚。

很多时候，当经济实力、社会地位和所购买的物品不匹配的时候，你以为穿在身上是身份的标签，其实是扭曲心理的沉重枷锁，是外化的欲望。

在面对所有的消费冲动时，你更应该认真想一想：这个东西究竟是为了让我获得长久的身心愉悦，还仅仅是想为我短暂地贴上一个名不副实的标签？

05_

奢侈品带有鲜明的时代烙印，上一个百年只有王公贵族才有资格使用的奢侈物，也许不过是下一个百年寻常百姓家的必需品。这个世界上，真正具有长久价值、最昂贵的奢侈品就是健康、时间和知识。偏偏无论穷富，前两样东西都是人人都有，而后一样东西，你拥有得越多就越会感到自己的浅薄。

在20多岁最需要积累的年纪，被消费主义影响，花费大量的金钱和精力用在研究和购买一些非必需的东西上，你以为你在提高生活品质，其实，本质就是在库克船长的忽悠下心甘情愿地吃酸菜。不同的是，库克船长的酸菜拯救的是无数人的生命，而不必要的消费透支的却是你的未来。

胡润《2018至尚优品——中国千万富豪品牌倾向报告》曾统计过千万富翁喜欢的娱乐方式，并且列了一张表（仅截取前10种娱乐方式的情况）。

	娱乐方式	比例（%）
1	旅游	21.3
2	看书	12.8
3	品茶	11.6
4	美食	9.6
5	自驾车	9.3
6	家庭活动	8.2
7	养宠物	5.3
8	品酒	4.4
9	SPA	4.0
10	钓鱼	3.8

你会发现，对真正的富豪而言，更倾向于把时间和金钱花费在那些从长期来看更具有价值和意义的东西上。甚至在娱乐上也是这样，比如旅游、看书、品茶、家庭活动……而不是像我们想象的，有钱之后只剩买买买、玩玩玩了。所以，与其学习那些明星、大V宣扬的有钱人消费方式，你不如学一学这些真富豪的生活方式，将金钱和精力更多地用于投资自己，而不是用在那些短时间满足虚荣心的东西上。

归根到底，消费主义就是个纸老虎，只要我们不被盲目的攀比蒙蔽双眼，不被铺天盖地的广告宣传牵着鼻子走，更不被内心的欲望支配，就一定能发现和找到更有意义的生活。

财富：
该用什么样的视角，看待贫富差距

关于贫富差距，我讲三个故事。

01_

第一个故事。

下班回家的时候，我路过楼下的水果店，想买个西瓜。老板正坐在柜台后面拿手机看视频，看见我来了，他抬了抬头。我说："老板来个西瓜。"老板就朝着旁边正在做作业的女儿说："去给挑个西瓜。"女儿乖巧地放下笔，带我走到西瓜摊前，在西瓜中打量一番，盯上一个，熟练地拍拍："这个好！保甜。"

女孩走到收银机前，熟练地帮我称重，打价签。我付过钱，随口问老板："您闺女多大了？"老板说："初三。""学习好不好？”“好着呢，可惜明年得回老家上学。”

我拎着西瓜出门，手机响了，是我的学生给我发微信：“老师，您能不能多留一点作业，我明天去亚马逊，一段时间不能上课。”

我问：“去亚马逊访问吗？又要打商赛？深圳亚马逊还是美洲的呀？”小姑娘回了我一个哭笑不得的表情，然后说：“秘鲁的亚马逊雨林”。

我才想起来，是我们与南美一个非政府组织联合开展的活动，孩子们去南美开展公益活动，主要作用是丰富简历，为申请美国的顶尖学府做准备。

近几年朋友圈流行一些爆款格言，比如“比你优秀还比你努力”“正在被同龄人超越”。其实真正的差距，并不表现在努力不努力上，而是两个人付出了同样的努力，不必说结果，其中一个人的努力的内容，另一个人想象都想象不到。豪车、豪宅、奢侈品，只是贫富差距的结果。教育，则是贫富差距的分化器，是守卫贫富差距堡垒的护城河，里面填满了一具具奋力想要过河的枯骨。

以前我总听妈妈说：“别输在起跑线上。”她不知道，纵使起跑迅猛，耐力持久，有些人与你根本不在同一条跑道上奔跑。我回头望了一眼水果店里守在榴梿旁边写作业的小姑娘，她很认真地低着头，灯光那么炫目，身影那么单薄。

02_

这是知乎好友孙慕林给我讲的一个故事，一件几年来对他触动最大的事情。

去年8月的时候，他把这个故事发到了知乎上，阅读过千万、点赞的人接近6万，这个数字让他吃了一惊。

文章下面的点赞数第二位的评论是：

> 没办法！出身决定了人的命运，也决定了一个人的思想，所以每个人都是哭着从娘胎里来的。这大概也是大部分人的想法，因为出身寒微，所以认㞞认命，但少有人反过来理解这个问题。教育的差距既是贫富差距真正的护城河，但同时也是拉近贫富差距最重要、最可靠的途径。这也是为什么每年的高考都能牵动那么多人的心，因为教育的公平才是最大的公平。

在中国，高等教育的毛入学率已经从1978年的0.7%上升到了2015年的43.4%。

这意味着我们远比历史上任何一个时代，都更多地享有受教育的机会。

7月和8月，电视会滚动播出一些刚考入大学但需要资助的寒门学子名单。他们大都来自西部或者贫困地区，在极其恶劣的条件下考出了惊人的分数，最终拿到了顶级名校的通知书。我一直在想，这些人现在看着虽然艰苦、寒碜甚至穷酸，但只要十多年的时间，他们中的大部分都有机会进入大城市里的中坚层。

就如同我身边很多优秀的同事或者同学一样，他们不可能一下子就超越别的家庭几代人的积累，但在他们这一代已然改变了命运，也会改变家庭财富的原始格局。

孙慕林在知乎讲的那个故事的下面，点赞数第二位的评论道出了很多人的心声。但更多的人还是愿意相信努力的结果，因为点赞数第一位的评论是这样写的：

> 慢慢来嘛，一下跨几个阶层肯定不现实，这个卖水果的小姑娘能在一线城市站住脚跟就算成功了，她的下一代再努力给她的孙子辈创造镀金的条件。愚公说子子孙孙无穷尽也，放弃努力才是悲哀的。

03_

上面那个故事里，其实还藏着一个很多人没有读到的细节。

每天在水果摊前做作业的小姑娘并不悲哀，真正悲哀的是，她爸爸不愿意放下手机，而让女儿应付顾客。

贫穷是既定条件，没有选择，但一个家庭怎样对待和教育自己的孩子是可以选择的。

所以有了第二个故事。

我的一个同事，作为很早来京奋斗的外地人，已经努力了十多年，天天加班加点，很拼命。现在年近 40，终于在北京站稳脚跟，有车有房，已经算是很成功的人了。为了让自己的下一代能接受更好的教育，他费尽心思将自己的闺女送进了全北京非常有名的一所公立幼儿园。几年前的六一儿童节，他请半天假去幼儿园参加学校组织的活动，并在教室后排的心愿墙上拍了几张照片。心愿墙上贴满了花花绿绿的小纸片，那是班上小朋友写的“六一心愿”。中午回来后，他把照片给我们看，这些才 5 岁多的小朋友，用各色彩笔在小纸片上歪歪扭扭地写了一些字。

小朋友当然不会写那么多汉字，所以很多都夹杂着拼音。为了方便大家阅读，我全部用文字表示了。

好想再去一次夏威夷啊！

上次妈妈带我去迪士尼，好好玩，我想变成白雪公主！

我想让爷爷、奶奶夏天继续带我去法国度假！

……

差不多就是这些意思。

那个班一共20来个小朋友，写的内容惊人一致，说到出国、大餐、度假，这些在我小时候看来简直天方夜谭的东西，就像是去隔壁家借个酱油、晚上吃蛋炒饭一样随意自然。

我简直不敢相信自己的眼睛。

公司有个部门经理的小孩在北京另外一所非常有名的小学上学。

有一年小学开运动会，我看到他发到公司群里的运动会照片跟亚运会开幕式一样隆重、大气、国际化。开幕式在奥体中心举行，仪仗队升旗，中国奥委会副主席宣布开幕，宋世雄老师解说，焦刘洋、武大靖、仲满等10多个奥运冠军带孩子比赛，国家跆拳道表演……有一次，我们在午饭时说起孩子的暑期活动，他郁闷地说："学校要组织孩子集体赴美国旅游半个月，还要求父母至少一人陪同。这是认为我们这些家长都不用上班挣钱啊？"我知道，他没说出来的另一句话是——那些孩子的家长，很多不用每天上班也能赚很多钱。

04_

很多人以为，通过这个故事我想说的是财富带来的教育之外的一些差距，比如人生经历、眼界等。然而并不是，我想说的是，我的同事们在孩子身上其实已经付出了能付出的全部。

他们奋斗了那么多年，拼尽全力让自己的下一代和那些真正的“×二代”们站在一条起跑线上，然后才发现，这不过是更清楚地看到巨大财富差距的另一个开始。

如果他们因此而觉得失落或者沮丧，是很正常的。这大概也是很多奋斗到这个层次的人的想法，因为自己上升乏力，所以只能把所有的希望和压力转移到下一代身上。但庆幸的是，我的同事并不这样想。

他们的心态很好，他们所做的，其实只是在已有的基础上，尽可能为孩子提供更好的条件，就像他们的父母曾经在一穷二白的家庭中省吃俭用供他们上学一样。因为他们来自一个健康、包容，而且愿意为孩子付出又不给孩子更多压力的家庭，所以，他们也知道怎样对待自己的下一代。这种原生家庭良好的风气和氛围，远比一个家庭有更多的财富重要。

所以，那些当年在幼儿园心愿墙上写下出国旅游、吃大餐的小朋友，如果只是平常地分享快乐，是没有问题的。如果他们中有部分是为了攀比或者炫耀，这样的风气就值得警惕了。

小孩子年幼无知，他们的做法其实反映的是所在家庭的风气。孩子从小的炫耀里，必然藏着父母一辈的无知与傲慢。积善之家，必有余庆；积不善之家，必有余殃。善和不善固然重要，但家庭教养日积月累带来的变化更为关键。

同事的闺女在读完幼儿园后顺利升入了一所知名小学，上次她来参加公司的年会，眉清目秀、大方懂事、成绩优异。

我想起，几年前他参加闺女幼儿园家长会时，拍的心愿墙照片。

上面有一张是他闺女写的纸条，写的是："我想让爸爸每天都能早点回家，不要那么辛苦。"

05_

第三个故事。

我老家的一个亲戚，住在大山深处，从赤脚上学，一路读到研究生毕业。

毕业后进了一家大企业，今年 30 多岁，是个项目团队的负责人。他一个人的收入差不多要养六个人，两个还没上小学的孩子，全职带娃的爱人，一贫如洗、身体不好的农村父母。即使这样，他居然还在工作的城市买了两套房，一辆好车。压力虽然不小，但在目前的收入条件下，他并不需要怎么拼尽全力就能解决生活中的绝大多数问题。他就是一个没有任何背景的人，也没有特别优秀的学历，只是工作比较努力。很长一段时间里，他的人生经历都在激励着我。

十多年前他上大学的时候还需要办贷款，回家坐火车从来都是 20 多个小时的硬座，但他现在过着的富足的生活。

这样的差距和对比就足以让人相信，一个家庭贫困的理工科"寒门学子"，只要进了一家好企业，努力学习工作，一样可以在大城市里活得有尊严。

他当年进的那家企业，名字叫华为。一个收入基本可以和付出成正比，更敢于给员工发钱的公司。虽然他也经常吐槽华为压力大、加班多，但要他离开华为是做不到的。

我当年刚刚对华为感兴趣的时候，经常潜入他们的“心声社区”，其中有两类帖子出现的频率很高，让我震惊。

一类是团购买房、买宝马车的帖子，还有一类是征婚帖。不是华为男征婚，是一堆优质女生在“心声社区”找男朋友。这样的公司，居然不要求员工感恩。任正非说：“在华为，我们不需要员工感恩。如果有员工觉得要感恩公司，那一定是公司给他的东西多了，给予他的多过他所贡献的。”

每当想到这一点，我就不得不认为，华为确实是一家伟大的公司。

06_

现代社会里，财富的差距无处不在。但我们的视角却往往只局限于自己的家庭，然后陷入无穷无尽的自怨自艾中难以自拔。为什么我爸妈干的是又脏又累的活，让我在同学面前怎么抬头？为什么他们连一部苹果手机都给我买不起？为什么我家里没有大房子？为什么……

贫富的差距重要吗？

当然重要，但更重要的是你如何去思考贫穷或者富裕，以及用什么样的视角去看待这样的差距。贫穷的出身并不可耻，富贵而没有知识也不光荣。

人最不能决定的，是生存的大环境，是大的社会趋势。出生在战乱年代，怎么做都是命如草芥，怎么选都不过是为了苟活于世。我们首先必须认清的，是现在的我们，几乎已经赶上了历史以来最好的时代。今天所面临的坎坷和考验，也都是发展道路上必然要经历的。逆袭的道路，怎么可能敲锣打鼓、一帆风顺？认清了这样的大趋势，就知道该如何同向而行而不是背道而驰。

其次不能选择的，是原生家庭。一个家庭有什么样的家风、什么样的氛围，父母对待孩子是什么样的态度，对自己而言，基本上是很难改变的。那是上一代人的事，成年之前的你无能为力。很多人甚至于成年之后都难以摆脱原生家庭的束缚。豆瓣上就曾有一个小组叫“父母皆祸害”，里面分享的内容，让人触目惊心。所以，成年后，每个人都需要对自己的家庭进行一次深入、客观、彻底的反思，从原生家庭的视角里跳出来，打开自己的心结，拆掉思维里那堵看不见的墙。然后，如果可以，尽量对自己下一代更包容一点。事实上，我们真正能够把握和选择的，只有自己的学习。

通识教育只能普及到中学，大学很难普及。

你需要在课堂教育之外，学习如何扩大自己的格局。

什么是格局，我思考了很久，把它总结为一个人看问题的高度，分析问题的深度，以及解决问题的法度。

格局大的人，看问题总是会站在更全面的视角，不会简单钻牛角尖；分析问题会触及本质，不会是浅陋的“因为所以”；解决问题的时候深思熟虑，谋定后动，而不是粗暴的“三七二十一”。

贯穿这一切的，就是我们的思维方式。

千万不要在还能改变的年龄，就选择了自我封闭。思维方式不改变，人生的命运永远也得不到改变。这样的命运，当然也包括了财富的命运。历史不能选择，现在可以把握，未来可以开创。我相信，决定贫富差距的，从来都不是一瞬间的事。所以归根到底，我们要认清什么才是真正的贫富差距。

百年看国家，十年看家庭，其余的大半辈子，都是看你自己。

更新：
保持思维更新，提升层次

01_

周末的时候，第一次去一个同事家做客。同事家里有个一两岁的小孩，只有外婆一个人带，所以家里请了一个阿姨帮忙。虽然小孩子的东西特别多，但都收拾得整整齐齐、干干净净。闲聊的时候，同事忍不住谈起了这个让她感觉非常“值”的阿姨，说道：“每次我看她带娃和做事，都想给她涨工资，实在是干得太好了。”

阿姨已经50多岁了，按理说很多家政公司应该都不会聘用这么大年龄的人了。之所以让同事那么满意，并不只是因为她责任心强或者敬业肯干，而是她为人处世极高的情商和带孩子时所展现的思维眼界。阿姨和同事的家人相处很愉快，什么该做，什么不该做，什么看破不说破都很有分寸。

那些说不清道不明的边界和道道，阿姨心里都一清二楚，从来没有让同事感到不悦或者难堪。刚到北京没多久，阿姨就把我同事家附近的环境摸得门清。现在不仅能独自带娃上早教课，回到家还能自己教小孩子念唐诗和启蒙英语。

最让我感到无语的是，有些时候同事工作压力太大，带娃的时候忍不住和阿姨唠叨，阿姨居然还能帮她出主意。

阿姨用她几十年起起伏伏的人生经历，开导和鼓励同事。同事说，有时候和阿姨交流工作和人生，都感觉有点角色互换，恍惚以为自己是在和领导谈心。

和同事聊到最后我才知道，这个阿姨的老公以前是做生意的，他虽然没有成为亿万富翁，但也属于当地的富贵人家。阿姨自己也曾是当地比较成功的职场女性，做到了一家公司的中层，后来才辞职回家当全职太太。

早在一二十年前，阿姨就已经过上了财务自由的生活。结果到了50多岁的当口，家里出了变故，不仅生意没了，还欠了数百万元的债务（这笔债务基本都背在她继承家业的儿子身上）。

生活所迫，更是爱子心切，她才不得不放下身段出来重新找工作，但年纪比较大了，根本没有什么合适的工作。

正好同事那时候想找一个靠得住的人带孩子，老家就有人介绍了这个阿姨。

本来一听说年纪50多岁了，同事还很犹豫，结果试用了一阵，立马觉得自己是遇到宝了，就一直用到现在。

同事悄悄跟我说："瘦死的骆驼比马大，富过的人不会穷太久，我现在真信了。"

02_

这也是真事，不过为了保护隐私，我修饰了一下。因为当天我也见了这个阿姨，她穿着得体大方，和我热情打过招呼后，就一直带着孩子在房间里或者下楼玩。

她整个人的气质都很从容，一点不像是专门出来打工的人，工作干得非常出色。

从同事家回来，我一直在琢磨这个事。按照最近几年最流行的阶层说法，同事家请的这个阿姨属于典型的阶层跌落。生活质量和社会地位从中产往上，一下子落到了底层。到了正常都快退休的年纪，还不得不背井离乡，出来当保姆。

这也正好印证了那句名言："不要说什么阶层固化，毕竟上升虽然很难，但往下掉很容易啊。"她虽然遭遇了阶层跌落，但她已有的见识和思维格局并没有变化。所以，她的谈吐和为人处世之道才那么妥帖。

她在同事家干得那么好，我估计也是因为她清楚自己应该做什么、怎么做，才能保住这份按她的年龄来算，收入还不错的工作。像她这样的人，太清楚什么叫"形势不由人"了，也太明白家庭到这份儿上了，什么才是最重要的。

《一九四二》里，张国立扮演的老东家在逃荒路上说：“我知道咋从一个穷人变成财主，不出 10 年，你大爷我还是东家，那时候咱再回来……”

很多人喜欢引用这句话来说明 “富人思维”。

我一直都是不太同意的。那些为有钱人粉饰的所谓“富人思维”，从来就不是天然产生的。不是因为你是有钱人，所以天生就有“富人思维”，而是他们在通往财富的道路上不断开拓自己的眼界，提升自己的思维能力罢了。

先有鸡还是先有蛋，这是一个问题。

03_

所谓阶层分级，主要是依据物质财富和社会地位。一个人的思维层次，并不会随着阶层的提升而自然提升，特别是那种抓住机会一夜暴富的人。

现在之所以有我们这两代人里的阶层跃升，可能是因为祖辈余荫，可能是因为抓住了风口机遇，也可能是跟对了人，走对了路。所以，这个时代，阶层真的固化了吗?

其实更应该问问，哪个时代还能像我们现在这样，有那么多上升和突破的机会。还有那么多白手起家的人，在短短十数年间实现财务自由。

罗振宇说过一段话：

> 今天的中国，社会分层还没有完全形成。教育分层还远着呢，所以这是一个大好的时机，是一个英雄辈出的时代，每一个人都可以通过提升自己的认知，超越自己的阶层。

往深了去探究，这并不是因为这些有钱人家的子女天然就比寒门子弟格局大、眼界广。从本质上讲，只是这两者在获取教育和信息方面的难易度不同。家境优渥，只是提供了一个更好的平台，在这个平台上你能获得的各种信息资源要比寒门子弟丰富得多。

然而，如果从来也不去主动利用这些信息资源，汲取里面的营养，饱食终日，每天只是满足于香车豪宅，高调炫富，家境再好，培养出的也不过是下一个“肉食者鄙”罢了。

毕竟，我们已经看到不少的富二代、官二代，自以为是，狭隘狂妄。

这样的人天然具有“富人思维”吗？

我看，是有些人天然具有“吹捧富人的思维”。那些出身寒门的人，在大学之前眼界天然受限，获取信息的渠道也就是家庭、周围环境、学校教育以及书本。问题是，家庭和周围环境本身就无法提供优质信息，多年的教育又多是在满足应试。

所以大部分寒门学子，要想开阔眼界，提升思维层次，多半只能通过读书这条路。但书本的信息是滞后的、间接的，从一知半解到指导实践，再到总结归纳为自己的思维体系，需要时间。这段漫长的时间，就是多少寒门子弟最难熬的成长期。只要熬过了这个必要的成长期，就会迎来自己从思维到人生境遇的新蜕变。

我们必须看到这种信息资源上的天然差距,更应该承认它，而不是避而不谈，假装看不见。

04_

我将保持思维更新，避免固化的原则归纳成了几个词。

兼容

一定要有开放的思维，要能够兼收并蓄地看待截然相反的两个结论，去思考为什么会产生分歧，分歧的本质是什么。不能轻易下结论，并固守结论，什么也听不进去。

迭代

要敢于打破过去已有的思维方法，要经常反思自己过去为什么会那样想问题。检验自己有没有成长，关键就是回顾你之前的言行，如果觉得自己说过的话、做过的事很笨，就说明你进步了。

这就是不断更新升级自己思维的过程。

独立

这个时代，拥有独立思考的人永远是少数。所谓独立，就是你的思维一定要立足于个人的见解，而不是人云亦云或随波逐流。你要相信，能做到对每件事都有自己的看法，你就已经超越大部分同龄人了。

入微

思想是行动的先导，没有思维方式的改变，一切变化都无从谈起。撒切尔夫人经常引用一段话："注意你的思想，因为它将变成言辞；注意你的言辞，因为它将变成行动；注意你的行动，因为它将变成习惯；注意你的习惯，因为它将变成性格；注意你的性格，因为它将决定你的命运。"

不要认为思维的改变就是多大的系统工程，是一锤子买卖。

很多时候思维的改变就是在漫长人生当中，一点一滴、每时每刻，由每件事、每句话、每个念头累积而成的。当然，所有关于打破固有思维，提升思维层次的事情，都知易行难。

但在每一段刻骨铭心的经历过后，在每一本深受启发的书背后，在遇到的每一个相见恨晚的人之后，你都可以去总结、反思很多东西。否则遇到的事再多也不过是过眼云烟，看过的书再多也不过是浮于表面，认识的人再多也不过是匆匆过客。

自由：有权选择不做

01_

老克是我的朋友里已经实现财务自由的人。上市公司高管、原始股、N套房、投资理财……从我认识他的第一天起，他就是我人生的榜样。我最早和他讨论关于财务自由话题的时候，他的一些话颠覆了我很多固有的看法。

那时候我一直以为，财务自由最大的意义就是可以自由自在地去做各种喜欢的事情。他说："你错了。财务自由最大的意义，不是你可以去做你喜欢做的事情。财务自由，意味着你可以选择不做你不喜欢做的事情。比如我现在做的工作，我如果不喜欢，觉得不合适，我就会说'不'，不用看任何人的脸色。"

他怕我不明白，又举了一个非常接地气的例子："在很多人看来，我已经实现财务自由了。虽然我想做的事情比如和女明星谈恋爱，还是做不到，但至少，我不会为了钱去和凤姐谈恋爱。”

老克最后说：“财务自由不是让你可以随心所欲，而是你可以掌控自己；不是为所欲为，而是可以有所不为。”

我瞬间有一种醍醐灌顶的感觉，想到了另一个经常和“财富”放在一起讨论的词——权力。

我之前看过的一本书里，关于“权力”有一句通俗易懂的解释——权力就是强迫他人做不愿意做的事情的魔法。

这种魔法，可以来自直接的压迫，比如领导让你加班，家里逼你结婚，研究生导师让你给他买饭……还可以是间接的压迫，比如负担的房贷，同龄人的攀比，他人的评价等。其表现形式有很多，但归根结底都是让你身心不自由，心里再憋屈，也只能忍着。

中国古代，人有再多的财富也不可能对抗权力的压迫。比如明朝首富沈万三，出钱帮着朱元璋修了南京城，还主动提出要出钱犒劳军队，结果还是被流放充军；明成化年间，东厂总管尚铭更是喜欢欺压富人，一有案件就把京城的富豪抓起来问罪，让他们的家人拿赎金来赎人，谁的财富排名越靠前，就越危险。

现代社会，只要不违法，不出格，不违背社会公序良俗，就可以凭借财富获得相对自由。没有公司可以强迫你加班，没有同事给你穿小鞋，没有父母抱怨你没出息，更不会有变态领导天天找碴。

不管财务自由以后会不会去做喜欢的事情，但哪怕你就是天天躺着睡觉，也没有谁能够站在你面前，指着鼻子让你赶紧起来。

02_

没有财务自由，何谈身心自由。

只有当你可以选择不做不喜欢的事情时，你才真正有底气去做自己喜欢的事情。否则，你随时可能会被打回原形。财务自由，就是拥有可以选择做自己喜欢之事的护城河。相对于那些篱笆都扎不起的人，财富可以最大限度地保护你。

就像老克说的另外一句话："财务自由带给我的最大改变就是，我很可能这辈子都不需要用到一个叫'忍辱负重'的成语。"

我认识的一个女孩子，对挣钱毫无兴趣。去国外留学后，她就一直留在那里研究当代艺术，到处逛艺术展，自己花钱办刊物，完全不考虑生活之类的现实问题。她之所以能这样做，是因为她的父母那一辈就已经实现了财务自由。到了她这一辈，就完全可以顺从内心去选择自己热爱的事业了。

实现了财务自由不代表就可以不用工作，而是在选择工作时可以将内心的热爱放在第一位，而不用去考虑收入或职位等外在因素。

事实上，有两种情况最容易有所成就，一种是在通往财务自由的路上，逼着自己努力干活；一种是在财务自由之后，可以心无旁骛地将全部精力投入到喜欢的事情上。从这个角度讲，财务自由这个东西，越早实现越好。世界上很多事情，本来就是年轻时才有兴趣。

到了七老八十，不缺钱了，但这辈子该吃的苦已经吃了，该受的委屈也都受够了，精力没了，兴趣没了，财务自由了，又能干什么呢？

03_

问题来了：什么才是财务自由？为了搞清楚这个问题，我翻了很多书，也问了很多人，发现关于财务自由的定义有很多，最后我选了一个比较标准的说法（也是《年轻退休》这本书里的说法）：财务自由，就是被动收入超过支出。

什么是被动收入呢？就是区别于主动收入，不需要工作就能够获取的收入，如投资、股票、租金、版权、专利等的收益。

事实上，按照我的理解，财务自由其实有两种含义，一种是绝对财务自由，另一种是相对财务自由。所谓的绝对财务自由，就是从整个社会的总财富来讲，公认已经处于财富分配的中上层，不需要付出劳动，仅凭现有积累，就可以维持很高的生活水准。

在中国，这个门槛很高。比如，胡润研究院发布的《2018 至尚优品——中国千万富豪品牌倾向报告》里提出：一线城市 1.3 亿元可以实现财务自由，二线城市 8 000 万元可以实现财务自由，三线城市 6 000 万元可以实现财务自由。

也就是说，按照绝对标准，至少身家千万元才有资格谈论财务自由。据统计，中国目前大概有 147 万人达到这个标准，比例大概是 0.1%。这个比例远远低于每年高三学生考上 985 大学的概率。和财务自由比起来，读书考名校真的是一件不算太难的事。绝大多数人终其一生都难以触摸到财务自由这条线。

也就意味着，谈论绝对财务自由，对大多数人而言是没有意义的。

别怕，除了绝对财务自由，其实还有相对财务自由，那就是你不再为了生活开销而努力工作的状态。当工作不是你养家糊口的唯一手段时，便可以达到相对财务自由。

按照这个概念，有人提出了财务自由的 9 个阶段，比如菜场自由：在菜市场里想买什么就买什么；饭店自由：想去哪家饭店吃就去哪家饭店吃。

在合法的前提下，不用出卖时间去换钱，而是想做什么就做什么，想吃什么就吃什么，想买什么就买什么。这种条件下的财务自由，说白了，只要你的被动收入能够满足你的欲望支出，就是自由。

04_

有人说，按照你的说法，相对自由很容易实现，只要减少欲望不就行了嘛。按照这种定义，一个每月固定有几百块零花钱但自己能省着花几十块的小学生，也能算财务自由了。这显然不科学。

所谓的减少欲望，对于像老克这种打拼多年，已经有了一定积累的人有用，对于刚走进社会，一无所有的年轻人来说是看起来很美的废话。背后有父母需要赡养，前面有结婚生子的现实需要，即使你什么都不干，也会面临生病去医院的风险。

自己或者亲人的一场疾病，足以让你体会到什么叫命不由己，什么是叫天天不应，叫地地不灵，什么才叫作痛不欲生。

这也是为什么电影《我不是药神》能触到那么多人的痛点。生活里的这些压迫与重负，岂是一句减少欲望就能解决的？按照马斯洛需求层次理论，所谓的减少欲望应该是在“自我实现的需要”这一层次上降低要求，而很多人其实还处在生理或者安全需要的层次。你的欲望往哪儿降？

财务自由是身心自由的充分不必要条件。当你财务自由了，你才可以无所谓，而不是你无所谓就可以说自己财务自由了。明明没钱，还要努力劝你不要去挣钱的，才是真正的毒鸡汤。

人生的财富过程就是在做三件事：一是创造并获取财富；二是驾驭并使用财富；三是管理并保有财富。

第一步是努力走向绝对财务自由，在有了坚实的物质基础后，稍微减少欲望，从而实现相对财务自由，比如那些前半生在北上广打拼挣钱，三四十岁积累了一定财富后去三四线城市生活的人。只要国家大的形势保持稳定，他们就可以很自由。

05_

谁也不可能手把手教你实现财务自由。

我只能给你一个独立思考的角度，一个产生可能的方向，一个值得探讨的观点。我一直相信，相对于那些乱七八糟的发财之道，我们更需要的是不断打开自己的思路，拓展自己对财富思考的格局。

我之所以想写这些，是因为那些关于财富的畅销书或者理财课程里，说来说去无非两点：一是存款，二是理财。

在我看来，拿着几万块钱存款，理财理出个财务自由的人，是传奇。

一个年轻人无意中碰见了一位百万富翁。年轻人很尊敬地请教那位百万富翁："如何才能成为百万富翁呢？"百万富翁告诉年轻人："第一天，我用 5 毛钱买了一个苹果，很仔细地擦干净后，以一块钱卖了出去。”年轻人听了，觉得好像有点意思，于是很认真地继续听。“第二天，我用那一块钱买了两个苹果，很仔细地擦干净后，以每个两块钱卖了出去。”年轻人心里想：“他是不是想告诉我什么道理呢？”于是把耳朵竖得高高的，聚精会神地捕捉富翁的每一个字。“第三天，我老爸死了，留下了600万家产，我就成为百万富翁了。”

这个笑话调侃了绝大多数人单纯的“致富思维”。

在我看过的一本书里，作者研究了德国的亿万富翁人群后，得出了一个结论：德国的富有人士中，有56%的人是通过继承获得财富的。在一个相对成熟、固化的社会里，继承将会是实现财务自由概率最高的方式。

在中国，固化的效果还没有那么快显示出来。在过去的几十年和未来的几十年里，我相信，在战略上做到以下三条中一条的人，最容易实现财务自由。

第一条：分得比别人多

这个“分”主要指的是一次分配，是最大可能地从GDP（国民生产总值）里直接分钱。真正影响财富分配的是大机遇，而非小机会。小机会决定你的下限，解决糊口问题，大多是小钱，真正让财富实现大幅分配转移的是大机遇。

你可以不懂经济周期理论，但一定要知道周期的存在。然后尽量在周期内接近财富分配的第一线。比如 2008 年 4 万亿计划后，超发货币大量集中在大型央企和银行手里，而这些钱又被央企用来大力支持房地产。

所以在那个年代，如果能通过任何方式把钱从银行贷出来或者投入房地产，你就成了第一轮分到蛋糕的人。在财富分配的法则里，越是最后分到蛋糕的人，就越要为整个体系的注水买单。

老克经常对我说："国家经济永远是缓慢通货膨胀的，超发的货币不会凭空消失。你得看着大钱都去哪儿了，然后第一时间跟进去。即使没吃上肉，喝点汤也比别人辛辛苦苦工作几十年赚得多。"

他说得很现实，也很真实。

第二条：跑得比别人快

多数比别人跑得快的人，都不是自己跑，而是搭上了快车，比如早些年去阿里、华为、小米的人，早些年做淘宝的人，囤比特币的人。抢跑的人有时候很可能不被人理解，但要想不被社会发展甩在身后，就一定要保持灵敏的嗅觉，一定要关注社会和经济，看看正在发生什么大事，研究哪些事与自己息息相关。

一个自诩从来不碰股票，没遇到熊市的人，在 2008 年或

2014 年大牛市的时候，也抓不住机会。

悲观的人永远都正确，但只有积极主动的人才能成功。

人们都知道投资房地产赚钱，我老家县城的房价已经过万了，这时候还敢投资的，都是真的勇士。很多人都是在比特币被炒到几万一枚的时候才知道它，拍着大腿后悔不已。请问，早期去哪儿买比特币，你知道吗？

云里雾里想个十天半个月，很可能还不如搜索引擎 + 知乎 + 微信搜搜里看半天资料。实在不行，花点钱约个牛人出来当面问问。所以，永远要保持自主学习的状态，甚至越早得到点教训，越会有帮助。

我在刚工作的时候开始玩股票，很快就亏了好几万。几年后，当股市逼近 5 000 点的时候，有一次我坐出租车，司机边开车边催着别人赶紧开几个账户，搞股票配资。我回去二话不说就把大部分股票清仓，仅留了一点点陪着看最后的结局。这件事上，我为什么比别人跑得快？没别的，提前有过教训。

第三条：做得比别人好

这里的做，特指实打实的职场工作。打工也能实现财务自由，前提是你的能力和付出值这么多钱。

华为员工收入高众所周知，特别是持股员工，每年光是分红就能达到近百万。与此相对应的，是华为研发人员的工作时间每年最高达到惊人的 2 800 小时。再看看小米，8 个创始人中6人是顶尖工程师，2人是资深设计师，在创办小米前都已经是各自领域内的佼佼者。《王者荣耀》项目组，曾经发过100个月的年终奖，背后也是常人难以想象的巨大压力。

所以只会老老实实上班的人，并不意味着就失去了一切机会。巴菲特经常讲复利，持续做，就是复利。选择一条赛道进行投入，把自己的能力打磨得足够强，把一件事情做到足够好，普通人也能缓慢实现财富逆袭。

06_

上面说的三条主要是战略层面的思考。其实每一条细讲起来都有很多东西值得阐释。

在战术层面，最核心、最便捷的路径有两条，一是混圈子。混圈子本质就是认识领路人，如果你的朋友里连一个真正实现财务自由的都没有，那你也很难摸到实现财务自由的门道。开心麻花、德云社、爱笑会议室等团队，当年也曾到处走穴，但等到喜剧火起来的时候，赚钱的基本都是当年在这个圈子里混的人。

二是做生意。不是忽悠大家去创业，做生意的意思，就是努力从生产者进入投资者的行列。

法国著名经济学家托马斯·皮凯蒂对整个现代社会资本回报率和劳动回报率进行研究后，得出结论：资本平均回报率远高于劳动平均回报率。

用《百万富翁快车道》一书里的说法，一辈子努力工作是可能实现财务自由的，但就像是在慢车道上行驶，无论多努力，上限是固定的，而且速度很缓慢。做生意则像是在快车道上行驶，不仅财富积累的速度快，而且几乎没有上限。

你应在工作的时候思考、发现做生意的机会。即使自己没有天分，看准了也可以找人参股、合作。这就像是开着车在慢车道行驶，眼睛始终盯着快车道，一有机会就赶紧变道。

最后，再说一下我对身心自由的理解。

“一箪食，一瓢饮，在陋巷。人不堪其忧，回也不改其乐”是孔子说过的一句话，这里的“回”说的是他最得意的弟子颜回。在孔子看来，颜回不管生活如何艰辛，都始终保持喜乐平和的心态。

只不过，很多人以为只要口头说着减少欲望、消费降级，人就能知足常乐了。其实，要真正做到“不以物喜，不以己悲”，往往需要非常艰苦卓绝的思考、求索、修行。

不是只要有一根网线、一部手机或者一台电脑、一碗泡面，就是身心自由。能在苦苦探索后顿悟的人，都成了圣或者佛。相对于修心成圣，赚钱反而是一件简单的事。

毕竟，多少有钱人，说是财务自由了，但身心并没有真正自由。陌陌上市前，唐岩的身家已经达到 10 亿美元，但他却焦虑得天天失眠。很多名人已经是富人了，私底下却拜“气功大师”为师……他们也有自己的执念。

财务自由，并不能给你真正的自由，只有拥有足够强大而又自由的心灵，才是真正的自由。当你真正想要做一件事情时，并不需要等财务自由了再做。

运气：

如何成为一个运气好的人

遇贵人

我读大学的时候，有一次寒假回校之后，大家登录学校内网查上学期的考试成绩。很奇怪，其他课程的成绩都早早出来了，唯独有一门课始终没有分数。

一天，大家还在疑惑的时候，我听到宿舍的阿江接到一个电话。阿江对着电话连连点头：“好的，我还有一点没弄完，马上交。”原来，正是这门课的张老师催他交上学期的论文。

当天，阿江把论文交了上去。晚上，我们班的分数就出来了。

我记得很清楚，这门课我考了 80 多分，而阿江考了 96 分。

虽然其他老师也有拖到很晚才给出期末分数的情况，但可以确定的一点是，这次，张老师其实早就批改好了大家的论文，只是发现阿江的论文迟迟没交，所以一直在等他。我当时非常吃惊，心想："嗯？这都可以？阿江和张老师混得这么熟吗？"可以确定的第二点是，阿江和张老师其实非亲非故。但后来，张老师给过阿江不少帮助。换句话说，张老师就是阿江的贵人。

当时，我曾经认真思考过一个问题："张老师到底为什么对阿江这么好，这么偏爱他？"

几年以后，我参加工作，观察的人多了，曾专门分析过社会上的几类贵人。第一类贵人，对人是以"利益"论的。要得到他们的帮助，关键在于"交学费"。第二类贵人，对人是以"关系"论的。要得到他们的帮助，关键在于"找关系"。很显然，阿江和张老师非亲非故，也从来没有单独"交过什么学费"，相反，张老师还经常请阿江喝酒。张老师就属于第三类贵人，对人是以"欣赏"论的。要获得他们的帮助，关键在于三个字——秀自己。

张老师对阿江的态度，就属于欣赏。张老师是个诗人，而阿江同样热爱写诗。我后来向阿江了解到，他曾经无意间在张老师所在的一个场合谈论过自己对诗歌的一些见解。后来，两个人慢慢熟络起来，聊的话题越来越多，越来越投缘。

欣赏一个人可能有很多原因。但毫无疑问，诗歌是张老师欣赏阿江的重要媒介。

人生真正称得上是捷径的，恐怕就是遇见贵人了。如果你在人生路上能不断地遇见贵人，绝对可以说是“运气爆表”。阿江就是这样一个运气爆表的人。不仅张老师，很多前辈都曾经在他人生的关键时刻给他提点和帮助。现在的阿江，已经是一家小型创业公司的高管。

阿江为什么运气这么好？一个很重要的原因正是，他很愿意“秀自己”，愿意参加各种文艺、体育活动，能坦然地和老师、前辈、学长学姐，以及各种各样的人交流，展示自己的思考和积淀。

有一次，阿江在宿舍弹吉他，弹的是高晓松的一首校园民谣。按理说，我不懂吉他，他没有必要和我解释曲调的含义，但他非常自然地边弹吉他，边和我讲他对歌曲的理解：“你听，这个前奏部分非常美，但高潮部分有点接不上，感觉高晓松也不知道该怎么写下去了……”

这是一次普通得不能再普通的谈话。但从那一刻起，我突然有了这样一个认知：阿江不仅仅是随便练练吉他，他是一个对音乐有自己认知的人。从那以后，遇到音乐方面的问题，我都愿意找他交流。甚至当学校有校园歌手比赛时，我都发自内心地强烈希望他能参加。

还是那句话：欣赏不一定需要理由，但需要前提。

这个前提就是，那个关键的人要能够看到你，了解你。你如果每天只躲在自己的世界里，从来不展示自己，除了你觉得自己“怀才不遇”，又有谁能知道你呢？

少掉坑

除了得到贵人相助以外，还有别的方法让自己走运吗？

有！

不知道你有没有注意到一个现象。很多人生活中的不如意，往往不是因为他们“没有遇到特别好的事”，而是因为他们“踩到一个又一个坑”。在人生的关键时刻，踩到一个坑就足以让你倒退好几个台阶。

所以，避免做那些让你运气变差的事，就是在让自己运气变好。这些事做起来真的不难。

我身边有好几个人，要么是原本家庭条件很好，最终却倾家荡产；要么是资质天赋很高，却过得很不顺。说白了，一手好牌打得稀烂。看到他们的真实经历时，有时候连我都忍不住想，这个人运气真不好。

直到后来有一天，我突发奇想，把很多我认为“运气不好者”的人生经历摆在一起做了对比，才发现事实完全不是这样。他们之所以坎坷，不是因为他们比别人“点背”，而是因为他们做了很多注定让自己“掉坑”的事。

当年，天涯社区曾经连载过一本奇书，书名叫《我的老千生涯》。这本书里的一个故事对我触动很大。很多年过去了，我依稀还记得故事的梗概。

男主角原本是个赌场职业老千，出千的手段非常高明。后来，男主角金盆洗手后干起了抓老千的工作，一般的出千手段根本逃不过他的法眼。

有一次，男主角又被邀请到北方一个地下赌场抓老千。这次，他蹲守了很多天，但完全没有任何头绪。不管是对方手上的操作、身上的设备，还是与其他玩家的互动，都完全没有问题，简直不存在任何出千的可能。而对方长期、持续地赢钱，又意味着他百分之百是在出千。

渐渐地，赌场老板也对男主角失去了信心，准备打发他收拾东西回家。但男主角横下心来，不要钱，但一定要研究出对方是怎么出千的。

又经过一段时间，男主角终于发现了对方令人震惊的出千手法。原来，玩家是与发牌的荷官串通，荷官每次发牌的时候，就用舔手指这样一个非常不起眼的动作来暗示玩家这张牌跟还是不跟。

如果不是男主角这样一个高手耗费了大量时间仔细观察，一般人几乎没有可能发现这里面的任何蹊跷。

第一次读到这个故事的时候，我忍不住头皮发麻。因为就在当时，我认识的一个长辈正好因为赌博导致妻离子散。我眼前上演了一出活生生的人间悲剧。我读完这个故事，再联想这位长辈的种种经历，高度怀疑他就是被人做局，一步步把钱输个精光的。

后来，我慢慢听说了很多高明的骗术，发现这样的案例其实绝不罕见。社会很复杂，有很多事情你可能一开始根本不在意，但它根本就是个坑，甚至是别人精心挖好等着你来跳的坑！

据我观察，大多数人都难免掉进其中一个甚至多个坑。我把这些“坑”大概分为三类。

第一类需要消耗大量金钱，但你其实根本不懂。比如赌博，比如小白炒股，再比如花很多钱买彩票。做这些事情一般有两个后果：第一种叫“割肉出局”；第二种则叫作“连底裤都输掉”。道理很简单，从概率来看，你的赢面小，长期下来就是必输结局。更何况，《我的老千生涯》里有一句名言：“十赌九骗，唯一不骗你的那次是为了让你上钩。”只要你投入的金钱够多，放心，骗子一定会闻着味道找上门。

第二类需要消耗大量时间，但对个人成长没有帮助。最典型的例如沉迷游戏。适当放松是可以的，但除非你打算从事游戏行业，否则最好不要沉迷游戏。大部分的领导都不会把重要事情交给一个看起来自控力很差的人。

第三类会对你的精气神造成严重损害。比如酗酒，比如吸毒，比如极不规律的饮食作息，再比如整天顾影自怜或自怨自艾。

读大学时，我有一个很有意思的观察。大一的时候，很多人打篮球比赛能打满四节。大二的时候，不少人打两节就累得不行了。到了大三、大四，则有不少人根本打不动比赛了，只能跑到操场上练练投篮，打“养生篮球”。这种现象背后的原因很简单：没有压力的生活，导致很多人习惯了紊乱的作息模式，身体在不知不觉间就垮掉了。

如果你是这样的状态，就算狗屎运真的来了，你靠什么去抓住？有这样一句话：“机会永远只给有准备的人。”我想说：“机会永远青睐那些神采奕奕的人。”

如果上面这些你记不住，那只需要记住一句话就行——对一个年轻人来说，时间、身体以及你不多的资产都是运气的源泉。保护好它们，利用好它们，你的运气就不会太差。

走大路

要拥有好运气，除了遇贵人、少掉坑，其实还有一个很重要的基础条件——处在足够大的、良好的趋势里。

很幸运，从宏观的层面来看，其实我们这代人都处在一个良好的大势之中。更具体的趋势如何，则往往取决于你自己选择了一个怎样的方向和平台。

下面，我们来简单谈谈这方面的方法和技巧。这里要讲的就四个字——大路思维。这是我自己造的一个词，意思是除非有机会在某条“小路”上成为真正的“头部”，否则，走大路，才是对大部分人最有利的选择。“逆袭崛起”听起来很牛，但背后的苦不知道要多吃上几倍，甚至可能要花光好运气，只不过，人家不会告诉你。

举例来说，假设你今年刚高考完，要选择大学专业，那么10 000个人竞争1 000个岗位的专业，和10个人竞争两个岗位的专业，要选前者。看起来就业前景差，实际上今后的选择空间大得多。同样的道理，骗子要骗你，只会把你从股票市场忽悠去所谓的期货、重金属市场，因为池子越小，水越容易浑。

水大鱼大的意思是，先有大水，才有大鱼。一个人要想真正运气好，前提是机会要多。如果机会少，哪怕你运气再好，能选择的空间也有限。

高考的时候，我因为爱好选择了汉语言文学专业，也就是中文系。当我表弟填报志愿时，我只给了两个建议：第一，去一线城市；第二，如果你没特别的爱好，那就从众，选计算机、金融这样热门的专业。最后，他选择了北京的一所学校读计算机专业。

在表弟大四的时候，我专门上网搜索了一下各专业毕业生的平均薪酬，发现2017年他们专业本科毕业生的平均薪资是9 001元，位居第15名。带着好奇，我也顺便搜索了一下汉语言文学专业的情况，最后，在倒数第5名的地方找到了……平均薪资是2 242元，只比历史专业稍微好一点点。

虽然很为自己的专业痛心，但看到计算机专业的薪资水平，我还是感到很欣慰，并把这张表格发给了表弟。

表弟告诉我："哥，你可以不用看这张表了，因为我已经成功保研啦。"而且，他告诉我，由于专业大，供需多，所以他同样有很多不错的学校可以选择。

想到表弟毕业时的工资水平，可能会是我工作好几年后才达到的工资水平，我竟然忍不住有些"嫉妒"。想了想，我还是没有告诉他这个让我"心碎"的事实，只把它默默地写在了书里……

如何成为一个运气好的人？如果你处在一个良好的大趋势中，自己关键时刻少掉坑，遇事又有贵人帮，那你的"运气"一定好过大多数人。人们常说："命是弱者借口，运乃强者谦辞。"其实，真正的强者，真的可以改变"命运"。

蜕变：

圈子也要不断“断舍离”

01_

初中的时候，我曾经懵懵懂懂地对一个姑娘很动心。在那所学校里，她是很多人心目中的女神。她身材高挑，肤白貌美，成绩优异，还能写会画，是当地很有名的小才女，家庭教育甩我们这种野路子的几条高速路。关键是，她特别傲娇，几乎从来不跟男生接触，一副不食人间烟火的范儿。

我当年因为学习还不错，在学校组织的各种学习活动中和她有一些接触机会，也互相送过一些很中二的礼物。但中学毕业后，我们再也没有联系了。

一晃十多年过去，我都工作了好几年后，有一天突然惊喜地收到了她给我发的电子邮件，才知道她考上了香港大学的研究生，毕业后留在了香港。

前几年，我们一直断断续续联系。后来，她在香港结婚了，给我发了一封很有烟火味的邮件。邮件里的话让我感慨万千。

她写道：

哎呀，不知不觉都当了快两年的Z太。想想我刚结婚的时候，楼管跟我说了好长一段时间的“Z太，早安”，我才反应过来她是在跟我说话。

我之前在家感叹说稀里糊涂就嫁作人妇了。我老公说，想得特别清楚透彻之后，多半什么也做不成了。

有些事，今天觉得是重大抉择，明天却变得不过如此。有些日子，看起来好像是平常时光，却在不经意间改变了我们。

得与失，不是那么容易能看清楚的，也不用看太清楚。所以何必烦恼，何必缅怀，何必期盼。

我觉得实现世俗理想也是一种成就。诗和远方就在世俗的一个个小愿望里。

现在的我，盯着股票基金，攒着首付，计划着圣诞家庭旅行，Kindle里读着几本日本主妇收纳整理类的书。我也快30岁了，既不想装嫩，也不想太沧桑，就欢欢喜喜地做个世俗的女人，在地铁上旁若无人地补口红，世俗得热热闹闹、舒舒坦坦。

我觉得挺好。

02_

我觉得也挺好。

只是没有想到，曾经在中学的时候，一度还想着以后会和她发生点故事，结果一转眼就十多年没有联系。更让我没有想到的是，我当时用的邮箱是雅虎邮箱，结果后来雅虎邮箱关停了，我和她就这样彻底失联了。

距今又已经快三年了，我俩似乎此生再也不会见到，但好像对彼此也没什么影响。

回想起初中的时候，那么愿意和她聊天，毕业后曾经那么希望和她见面，我就觉得不可思议。

原来，时间真的可以让很多东西变得淡如白水。从小到大，成长的过程就是不断转换朋友圈的过程。

不是你走得太快，让别人跟不上了；就是别人走得太快，你被留在原地了。

一篇心理学文章说，开启一段友情最重要的一个条件是大量的非主动接触，也就是不用特别努力和刻意制造，彼此就能经常见面或者交流。所以，你才会在某段时间和你的同学、室友、同事、邻居成为好友。因为他们不需要什么刻意安排，就会反复出现在你面前。我们的很多“好友”，其实指的就是这种朋友。

这样的朋友，随着环境的变化，只要不再具备“反复出现”

的条件，关系变淡几乎是必然发生的事情。回头去看，有多少我们在学生年代觉得“要做一辈子好朋友”的同学，最后都定格在了“毕业”。

03_

我上小学时，曾经有过一个最好的朋友，我们无话不谈。小学时暑假的生活一般分为两部分，一部分我睡在他家里，另一部分他睡在我家里。很热的天气里他带我去山里的水洼泡澡，两个十来岁的孩子赤条条地躺在水草里，挠胳肢窝笑成一团，扯下大把的水草往对方嘴里塞。等到回去的时候，发现背上布满了水草割下的一道道血痕，又痛又痒。

他父亲拿出一瓶烈酒，在我们的背上抹，我们一边喊痛一边开心地笑。

高中时，他辍学开始上班，高二和高三经常跑来找我，他一塌糊涂的感情和生活经常让我疲于奔命。有时，他半夜 12 点还在外面淋雨，只因为和女朋友吵了架；有时他突然倒在路上，因为陪酒陪到胃出血。

在他欺骗了我很多次后，我终于忍无可忍地要和他断绝来往。

他给我写了一张纸条：

我们怀抱着同样的梦想

在不同的时间来到这里

有的梦想升起

有的破灭

从此，他离开县城去大城市闯荡。又过了很多年，他终于混出了名堂，西装革履、满面油光地回到家乡。那时候我还在读大学，因而没有见到他衣锦还乡的样子，也就没有见证不久后要债的人去村里拆他家房子的尴尬情景。

他的“成功”主要源于在外的各种坑蒙拐骗，直到被骗的人打听到了他的真实底子，找上门来，才将他再一次打回原形。几年前，我辗转听到他的消息，说他已经跑到外省，至于干什么去了，无从知晓。他给我写的那张纸条，十多年过去了，我仍保留着，但我俩的人生却注定不可能再有交集。

所谓的朋友，最根本的其实是彼此之间的交集。

时间和空间上的交集只是其中的一部分，更重要的应该是三观和认知见解上的交集。只有当你们的三观和认知见解始终处在同一水平，这样的关系才能长久。

与其鸡同鸭讲，对牛弹琴，不如相互远离。

很多中学 QQ 群和大学微信群，往往在毕业 3 年内还有一定的活跃度，超过 5 年就可能变得鸡肋。只有偶尔几个人还在坚持着很久一次有一搭无一搭的聊天，另有一些人会偶尔发发广告。除此之外，如同一潭死水。我当年还不太明白，为什么原本无话不谈的一群人，在几年后即使有最先进的交流工具，竟变得无话可说。

后来，我终于想明白了，因为说来说去都是大学里那些事。是的，你们曾经一起逃过课，曾经一起开过黑，曾经一起打过架，曾经一起逛过街，曾经一起追过同一个男明星……

然后呢？总不能每次在一起聚会聊天，就只谈这些过去的事吧。当双方的人生经历、交际圈子和眼界格局都已经发生翻天覆地的变化后，相互之间也就没有什么新的信息可以交流了。

04_

很多人之所以舍不得过去的朋友，其实只是放不下过去的自己。

每一次深层次的回忆，都会打开情绪的闸门，忧伤、难过、悔恨……

各种各样的消极情绪伴随着回忆，将你淹没。这些消极情绪，对你处理现在的问题和面对将来的问题，毫无帮助。

一本心理学图书上写道：

我们之所以会陷入回忆的泥潭，是因为回忆中的体验都是我们熟悉的，即便那是让人痛苦的体验。但是因为它熟悉，我们还是愿意不断重复它，因为熟悉可以带来安全感。

我借助各类心理学图书，才真正意识到，不断重复回忆，只不过是让自己一遍又一遍地去体验那种情绪放肆的感觉，这对自己的现实生活起不了任何作用。

我第一次开始尝试为自己的回忆上一把锁。我开始避免深夜不睡，开始试着用阅读、电影、运动等填补睡觉前的空余时间，不让回忆有乘虚而入的机会。

这是一个漫长的"刻意训练"的过程。但无论怎样，我做到了。在多数时间里，我很少回忆过去的那些人和事，因为需要实时对人生进行"断舍离"。

古语有云："当断不断，反受其乱。"

人生中的很多人和事，过去了也就过去了，不需要再惋惜，再纠结，甚至再回忆。就像坐公交车一样，每一站都有人上，也有人下，能陪你走到最后的其实只有司机（家人）。

你每疏远一批朋友，往往也意味着你认识了另外一批朋友。你不能永远只活在过去，要对未来可能认识的人，始终抱着开放和积极的态度。

你的朋友圈更迭越快，也意味着你的成长越快。而那些历经多次更迭仍然沉淀下来的朋友，才是值得继续交往下去的人。

05_

这个思维方法，还有一个非常有用的应用。那就是，成年人永远不要在一个新的场合里，强行尝试“合群”。小孩子没的选，如果被孤立了，很可能身心都会受到很大影响。

成年人，应该学会主动拥抱“孤独”。此外，再学点东西，养家糊口。通俗地说，就是 8 个字——学习成长，干活拿钱。至于人脉、合群之类的东西，都是建立在这 8 个字基础上的。

你工作干得不怎么样，即使你把办公室里所有的人都发展成了把兄妹也没用，真正出问题的时候，谁也不会帮你分担。你换一家公司还得从头再来。

你负责的工作推动有力，落实有效，即使你每天都是独来独往，私下里与同事从无交集，也不要紧，你依然可以混得如鱼得水。

不是你与人为善，谁也不得罪就叫人际关系好。

不是你逢聚会必到，到必买单才叫会做人。

更不是你天天跟这个谈心，请那个吃饭才叫建立人脉。

一个有目标感，内心有定性的人，不需要和所有人都成为好朋友。工作时间里，大家是点头之交、邮件之交、电话之交，工作之余，可以没有任何交集。相反，那些把所有业余时间都用来和同事一起吃饭、唱歌，几年下来毫无成长的人，才是最傻的人。

我当年刚工作的时候，第一任领导曾经告诉我一句至理名言：不要和同事搞成一团。这句话，也是当年他的领导告诉他的。经过了多年沉淀，他还是认为这句话是对一个新人最有用的。

过多的同事聚餐，既耗费精力，占据时间，也容易将自己卷入职场纷争，甚至面临被迫站队的风险。

不要担心被同事孤立，这只会进一步塑造你在职场里的鲜明性格。

真正最容易得罪人的，是毫无原则的人。同事聚会，你参加了 10 次，哪怕有一次没有参加，别人也会觉得你“不合群”。

这玩意儿就像喝酒一样，你一开始就滴酒不沾，大家反倒觉得没什么。你在开始时来者不拒，后面只要有一次不喝酒，别人就会觉得你不给面子。

06_

这样的思维方式，还帮助我更好地应对工作和生活中的“烂人”。

什么是烂人？就是总给你找麻烦，你短时间又摆脱不了的人。比如一个作息习惯和人品都很差的室友，一个对人苛刻、脾气暴躁的领导，一个心机很重、处处针对你的同事。

当你看清了人与人之间从陌生到熟悉再到逐渐变淡的本质，心态上就会好很多。遇到这样的人，就有了更积极正向的应对方式。当你将自己的目标定得更高更远时，在追求目标的过程中，出现一两个这样的人，又有什么关系呢？把时间线拉长来看，再难相处的某个人，也不过就是你生命中的某个过客罢了。

领导又如何？老板又如何？在这个场景里，这个环境里，看似永远要受压迫，但只要你专注于个人成长，一两年内积累了足够的底气或者遇到了机会，就可以马上转身离开。

几年后，谁还认得谁？谁还记得谁？谁还搭理谁？不要把时间和精力耗费在如何与这样的人“斗智斗勇”上，这是对时间最大的浪费。

一个人格局越来越大的迹象就是不恋过去，不求合群，不争小事。

我经常举岳云鹏的例子。

他当年在饭店端盘子的时候，也可能会遇到主管故意整他，同事欺负他（这种地方，其实内斗非常严重）。他在那个饭店里，再怎么和别人钩心斗角，拉帮结伙，斗来斗去就算赢了，无非也就是端盘子的时候没人找碴了而已。但当他跳出这个圈子，走向更大的成功之后，他完全可以把那个饭店买下来，让当年整他的那些主管、厨师、服务员一起滚蛋。

更重要的是，他完全不需要这么做了。

所以，年轻人，心眼别太小，脸皮别太薄，格局一定要大。

格局：

不断反思、领悟、整理才能形成自己的大格局

01_

第一次读刘慈欣的《三体》的人，如果看完三部曲，最震撼的估计不是外星人的存在，也不是人类如何绝地反击，而是人类费尽力气挣扎，结果却被一张“小纸片”将整个太阳系二维化了。

这就是“降维打击”。

在宇宙中，遭遇降维打击的一方不仅毫无还手之力，对打击什么时候到来、以什么形式进行无法预测，甚至当打击真正到来时，一开始都无法理解这种打击意味着什么。

降维打击，用残酷的方式展示了不同文明之间的巨大差异，也更符合光年尺度上不同文明之间的差距：处于高维度的文明，对付低维度的文明，就像人类不小心踩死一只蚂蚁一样

轻描淡写。

即使在一个星球上，不同物种之间的行为都难以理解，何况是在宇宙中。

真实的宇宙是不是这样的文明场景？我们无从得知，但刘慈欣的这部小说里的这个点子，在现实里却得到了很多实际的印证。

比如在商业上，让康师傅销量下降的，不是另一家方便面品牌，而是外卖；腾讯要对付一家很有潜力的创业公司，根本不用费尽心力地去竞争，而是直接出钱收购，如果它拒绝被收购，就出钱收购它的竞争对手。

在学习上，小学里很难的奥数题，放到中学，就可能变成非常简单的函数题；中学阶段非常难的几何题，用高等数学里的那些数学工具，可以很简单就解出来。之前看过一个段子，一个大学教授做高中数学题，忘了非常重要的公式，于是他重新用大学里的理论推导出了那个公式。

在人的成长过程中，其实也一样。

当你的眼界、思维、经验以及信息、人脉等都和别人拉开非常大的差距的时候，面对同样的事情、同样的问题，你们处理的方式以及最后的结果，完全无法同日而语。

这也就是我为什么要花这么多时间来讲“格局”的原因。

之前说过，格局就是上面说的那些眼界、思维、经验等综合起来的一整套东西。

得其大者可以兼其小。

格局大的人对格局小的人，就是一种“降维打击”。

当你从小格局走向大格局，当年那些看似完全无法摆脱的问题都会迎刃而解，比如，家境问题、自卑问题、感情问题、收入问题、职业发展问题等。当你打开了自己的世界，提升了自己的思维眼界，相对于过去的你，也是一种“降维打击”。这才是一个人越来越强大的“终极密码”。

02_

那么，我们该如何提升格局？

下面，我从实际行动方面为大家分析一下。

这些行动看起来都是老生常谈，但如何从细节里着手行动，为什么要行动，才是决定这些行动是否有效，能否成功的关键。

相信很多人都听过这样一句话：读万卷书不如行万里路，行万里路不如阅人无数，阅人无数不如高人指路。

概括的几句话并不重要，重要的是分析/理解的过程，真正的干货不会藏在标题里。

第一，要读万卷书

读书当然有用，关键的问题是读什么书。

有一句很流行的话：小的时候，我们吃过很多食物，现在都已经记不起来它们是什么了，但可以肯定的是，它们中的一部分已经长成为我们的骨头和肉。

很多人用这句话来说明，世上没有白读的书。

我的看法是，这个世界上到处都是白读的书。

我中学时，学校旁边有好几家租书店，生意都好得不得了。

里面的书，除了武侠小说，还有各种言情、玄幻小说。

保守估计，我看了上百本。学校里看得多的人，估计看了上千本。

这些书，不客气地讲，很多是文字垃圾。

你看一万本甚至十万本，除了学习成绩下降，更沉溺于做梦以外，不会有任何好处。

“腹有诗书气自华”的前提是，你读的是“诗书”，而不是“种马小说”。

真正能提升一个人格局的书，有以下这五类。（1）知识类的书。我们从小到大的课本里教的内容百分之八九十都是知识。这些知识，就是人类认识世界的产物，你学习知识的过程，也就是不断拓展认识世界的过程。（2）技能类的书。工作以后，大家读的更多的书，都是这些方面的书，如编程和职业技能提升，这些大部分是人们社会生活的经验积累。学习这些，相当于直接吸收了别人的“内力”。（3）思维类的书。除了传统的哲学和心理学图书，如一些介绍提升思维能力的图书，社会、历史、政治类图书也可以帮助大家学习一些思考方法。（4）审美类的书。审美是人类的一种高级认识活动，很多书看起来没用，但能帮助我们提高文学素养，塑造我们的三观，如诗词歌赋、文学艺术类图书。（5）历史类的书。历史书里最重要的东西是历史经验，也就是以往的规律，而规律则教给人如何去发现经验、总结经验、运用经验。在人类文明的这些宝贵财富面前，你读到的每一句话，都可能拥有引导你改变人生格局的力量。

有些时候我们看了一部小说，内心受到极大的震撼和洗礼，这就是文学的意义所在（劣质“言情小说”是不可能有这种效果的）。

读书很重要，但真正能帮助人们提升格局的书，其实就是知识类、思想类的书。

03_

第二，要行万里路

所谓的读万卷书不如行万里路，并不是一句押韵的口号，而是有逻辑支撑的。

书给人的启发始终是间接的。

经验也好，思想也罢，从学习到掌握再到指导实践，往往需要一个过程。能加快这个过程的最好的途径，就是去经历。

人生的很多成长都是由经历带来的，比如，有人从小就去过很多地方，所以眼界比较广；比如有人经历了人生大起大落，所以心理承受能力很强等。

在大学毕业之前，我读的书除了在吹牛时有用，没什么其他用处。我有时候会怀疑，自己看这些书，看得心比天高，现实里却命比纸薄。我进入社会之后，经历了起起落落，起承转合，摸爬滚打，才发现自己读的书里蕴含了太多的道理。我用它们来分析自己遇到的问题，指导自己的行动。这些独特的经历和之前广泛的涉猎相结合，才成就了现在的我。

我认为，一个人要扩大格局，首先要清除内心对安定的追求，能够敢于走出舒适区，去见那些未曾见过的风土人情，去经历未曾经历的人生。当然这样的经历，并不是简单的“上车睡觉，下车拍照”式的旅游。

行万里路，目的很重要，就是要去“见”，不要去“秀”。

并不是所有的经历都能带来改变。特定的经历，是最容易引起反思、感叹和思考的，所以经历只是诱因，归根结底还是思考。没有思考，经历再多，也不会改变。

04_

第三，要阅人无数

人到了一定年龄要学会独处，因为已经千帆过尽，什么都见识过了，所以返璞归真。人在年轻的时候，就开始离群索居，什么人都不想接近，注定是没有前途的。因为人是社会动物，每个人都处在一定的社会关系中。

《人类简史》一书中有个观点，即群居推动了人类文明的爆发式进化。认识不同的人，不同的信息、思想便得到了碰撞的机会。

一个格局大的人一定有开放的思维，能够兼收并蓄地看待截然相反的两个结论，能思考为什么会产生分歧，分歧的本质是什么。人不能轻易下结论，并固守结论，什么也听不进去。好人、坏人、牛人、俗人、庸人、垃圾人……事实上，你见的人越多，也就越明白，这个世界本就是多姿多彩的，每个人的想法都不同。

很多问题都是观念问题、文化传统问题或习惯问题，而不是是非对错的问题。比如，南方人一般吃甜豆腐脑，北方人喜欢吃咸豆腐脑。你见的人越多，看问题的角度可能就越灵活，而不是被限定在一个视角里跳不出来，还坚定不移地认为自己的想法就是对的。

阅人无数，还隐含一个问题，那就是到底什么样的人，才值得交往。和读万卷书一样，如果一个人遇到的、交往的都是损友、渣男渣女，不仅没有任何益处，反而可能带来伤害。

所以，到了一定年纪，不要什么聚会都参加，什么饭都吃，什么人都给微信，什么人都搭理。人生短暂，一定要把时间花在有意义的事情上。

我认为交友之策分为四种。

上策交志同道合者。这样的人可以相互鼓励、相互支持、相互理解，共同进步。

中策交志同道不合者。虽然你在职场打拼，他在学校苦苦求学，但大家的追求和价值观是一致的。这样的朋友哪怕多年未见，见面也会非常亲切。

下策交道同志不合者。也就是你的同学、你的同事、你的邻居等，他们不用特别努力就会定期出现在你的身边，所以虽然很多方面不一致，但你们还是会因为各种各样的原因一起走一段路。在这期间，不如淡淡相交，各取所需。分道扬镳后，也不要觉得可惜或者难过。就像毕业之后，同学间的感情会变淡一样。

不交那些道不同志不合的人。你不安于现状，希望改变，特别希望有人能给你鼓励，也有很多人得过且过，耽于安逸，希望这辈子就这样简简单单、平平淡淡。当他们看到你想要去大城市工作或者跳槽时，就立马泼冷水，告诉你如何如何才好。这样的人，点头之交即可，哪怕机缘巧合你们成了同桌、上下铺、上下级，都万万不要深交。

上策交的人，可以交流思想，一路同行，一起去打开世界。

中策交的人，可以一起谈心，交流看法，偶尔联系一下会让关系更亲密。

下策交的人，可以交流学习、工作中具体的经验和方法。在这个阶段，让他们成为你的合作伙伴。

05_

第四，高人指路

所谓高人指路，不过就是得遇贵人的更文艺一些的说法。

在你还很弱小的时候，遇到的那些“厉害的人”会对你的人生产生根本性的影响。所以为什么读书时遇到的一个好老师，学技能时遇到的一个好教练，初入职场时遇到的一个好领导，都会让一个人受益终身。因为对那时候的你而言，老师、教练、领导就是你在那个阶段遇到的“高人”。

就像古龙的小说里，叶开的师父李寻欢，除了教会叶开绝世无双的飞刀功夫，还传递给他善良、阳光、博爱的价值观和精神力量。

在金庸的小说《笑傲江湖》里，刚出场时林平之特别像传统武侠小说里的男主角——名门之后，父母双亡，侥幸逃出生天，得遇高人搭救……只不过他遇到的高人是处心积虑的伪君子岳不群，这才有了林平之后面悲剧的一生。从书里来看，林平之不幸的根源大部分是因为他没有遇到对的人，如果和令狐冲对调，让他遇到风清扬，可能《笑傲江湖》的结局就要改写了。

事实上，很多事情也不能完全这么理解。得遇高人需要机缘巧合，并且高人是否愿意为你“指路”，这就不是完全看运气了。这里面最重要的，大概就是你的潜力、人品和毅力了。说白了，你要有本事让那些比你厉害的人心甘情愿地为你搭桥铺路，给你机会成长。要么让他们看到你能成就事业的潜力，要么让他们欣赏你的人品，又或者你凭借锲而不舍的毅力打动他们。

在没有遇到高人之前，最重要的就是要按照上面的三点去做好自己。

海底捞的首席运营官杨丽娟，当年为了帮家里还债，十几岁就辍学在一家餐馆做服务员。

张勇创办海底捞初期，经常到杨丽娟打工的餐馆吃饭，注意到了这个聪明伶俐的服务员，之后毫不犹豫把她挖到了自己的店里——继续做服务员。

杨丽娟从最普通的岗位开始做起，一年时间干遍海底捞所有的工作岗位，凭借勤奋、踏实和努力，20 年后成为海底捞首席运营官，在海底捞上市后身家一跃达到 30 亿元。

这里面有她选对了企业，跟对了人的原因，但最根本、最初始的原因，还是她先做成了那个聪明伶俐、拼命苦干实干的自己，哪怕当初自己就是个服务员而已。

你想要得到贵人相助，至少也要先变成那个值得贵人看一眼的人。

所谓得道者多助，当你的道德品质让人打心眼里欣赏和佩服的时候，愿意帮你的人自然就多了。

06_

从格局的角度来讲，这些话可能都不如一句话，即一朝顿悟。

于是这几句话成了我提升格局的原则性方法：

读万卷书不如行万里路，行万里路不如阅人无数，阅人无数不如高人指路，高人指路不如一朝顿悟。

什么是顿悟？就是突然想明白了。

关键词不是“突然”，我坚信，没有任何顿悟是完全突然的。人在开悟之前，一定会经过无数次考验、纠结和痛苦。

所谓的开悟，其实就是在经历“读万卷书，行万里路，阅人无数，高人指路”的过程中，从未停止积累和思考。

人到了一个点之后，一下子就想明白了。见天地，见众生，最后见自己。问题来了，我们到底该想明白什么呢？

我的回答是因、果、度。

所谓因，就是我从哪里来？这个世界为什么是这样？他人为什么成功？我为什么会失败？我怎么就到了现在这一步？

所谓果，就是我要到哪里去？我想要的到底是什么？到什么程度我才会满足？

所谓度，就是我要用什么手段去实现目标？我的原则是什么？底线是什么？

一个人最怕的是，人生早已设限，却不自知。

你以为你整天抱怨只是因为工作不顺，你以为情绪失控只是因为那天心情不好，你以为爱情离你而去只是因为没钱，你以为买不起房只是因为房价太高，你以为摩拜创始人套现 15 亿只是因为运气好……

所有的自以为是里，都包含着人生失败的种子。

事实上，当你对每一段人生进行总结反思，对每一个看起来自然而然却又难以理解的现象进行分解、剖析的时候，都能得出很多新的、有价值的东西。特别是，当你和同道好友一起分析的时候。

每一次总结和反思，只要足够深刻，足够深入骨髓，乃至触及灵魂和价值观，都可以是一次浴火重生。

在真正的“悟”之前，一定要经历很多阶段的准备与努力。当你完成了前面所有阶段的学习和行动时，到了这个阶段，就会实现思想上的大突破，突然融会贯通，豁然开朗。

这种大突破带来的，一定是格局的提升。

07_

格局的提升，不是一锤子买卖。

所谓的“想明白”或者“一朝顿悟”是一个螺旋上升的过程，也应持续进化。

突破之后还可以再突破。

就像“龙珠”系列里，从孙悟空到变身超级赛亚人是一个突破，从超级赛亚人 1 到超级赛亚人 2、超级赛亚人 3、超级赛亚人 4，又是不断地突破。之后还有红超和蓝超，再之后还有自在极意功……

为什么我们会喜欢龙珠里的孙悟空，因为他就是“生命不息，奋斗不止”的终身践行者，永远都在追求变得更强大。

一个人的成长，永远都要反复地经历从见山是山到见山不是山，再到见山还是山的过程。

很多东西，从没见过到见过，再到可以装作没见过。

很多事情，从什么也不知道，到生怕别人不知道自己知道，再到让别人以为自己不知道。

很多话，从无话可说，到无话不说，再到可以藏着不说。

这都是一个人的格局发生变化的阶段性特征和典型迹象。

只要保持开放的心胸，践行永续成长和终身学习理念，不故步自封，就一定会经历不断否定自己的过程。

对过去的自己的每一次否定，都是一次顿悟后的突破。

这些年，我经历了几个阶段的突破。

刚开始工作时，我领悟了“不破不立，颓而后振”的心法。

有了敢于直面过去失败和应对未来挑战的意志和斗志，这样的心法帮助我从颓废中站起，真正走上了人生逆袭的道路。

之后，逐渐领悟到为人处世的种种法则，它们帮助我在职场里站稳脚跟，并进而得到认可。

我在奋斗的道路上一刻不停地向前飞奔，从身体到精神再到家庭都经受了很多考验，也一直在思考和寻找能支撑我继续前行的力量。

直到这两年，我才在无数次思考中，得到了新的顿悟。

我的顿悟，就是现在与未来。

所有人，只要还在这个世界上存活着，归结起来无非两点：

立足当下。

展望未来。

要么在现实中有所追求，要么寄希望于未来。

但立足当下，容易走向功利；追求未来，则容易走向宗教。

这两者都不是我想要达到的境界。

我所追求的，是“现实的未来”。

08_

你在这个世界上生活打拼，但一定要为自己想象另一片时空和另一种生活，想象自己未来应该在哪里，在干什么。这就是“现实的未来”。

网上有一段写给高三学生的话，我很喜欢：

当你在背单词的时候，阿拉斯加的鳕鱼正跃出水面。当你在做数学题时，太平洋的海鸥正从沿海城市的上空飞过，北欧夜空绚丽的极光正在闪耀。当你在默默努力时，你以为这辈子都见不到的东西、遇不见的人，正向你走来……

背单词，做数学题，默默努力，就是社会里的常态，是我们正在经历的日常生活。

阿拉斯加的鳕鱼正跃出水面，太平洋的海鸥正从沿海城市的上空飞过，北欧夜空绚丽的极光正在闪耀……这就是我们所期待的现实的未来。

当你陷入当下困境的时候，当你在世俗生活里蝇营狗苟拼命挣扎的时候，因为相信自己会过上理想的生活，就会拥有继续奋斗的勇气。

用这种大格局，将你的目标、手段、思维等全部整合起来，你在生活中前行的过程，也就是不断提升自己的过程。

我现在追求的是什么呢？

生活富足，内心平静，家庭幸福，身心健康，成就别人，也成就自己，这就是我所追求的。

每个人都有束缚自己的"茧"，未破之前，都过着虫一样的人生。

致谢

这几年，我越来越认可一句话：所谓才华，就是你所做成事情的总和。

再多的聪明劲、再多的好点子，如果没有持之以恒的行动，那就都是一场空。想到和得到之间，重要的是做到。

我曾经很向往快意诗酒的生活，也喜欢自己写下的“廿载浮生花月雪，一船晓梦马牛风”这样的句子。但现在，我欣赏的是踏实做事的风格，喜欢的是古人所说的“涓流积至沧溟水，拳石崇成泰华岑”。

所以，这几年，我也在一直不断地阅读、思考、积累。在很多个夜里，我在电脑前不断地敲击键盘，写文章。现在，这部10万多字的书稿终于得以出版，还是让我有些欣慰的。日拱一卒，功不唐捐。我虽然是驽马，但好在也能锲而不舍地做一件事情。

这几年，我也越来越清楚一个道理：把事做成，从来就不是一个人能实现的。

在这里，我要诚挚地感谢为本书的面世而付出心血的人。

感谢中信出版社的编辑：赵颖、黄雨薇、王金强、陈露露、郑爱玲……还有我不知道名字的工作人员，没有你们的专业建议和持续督促，本书不会这么快就顺利出版。

感谢陈章鱼、Sean Ye、谢春霖、了不起的苏小姐、曾少贤、高太爷、白诗诗、贺嘉、打不死的 little 强、公周，你们都是非常优秀的内容创作者，谢谢你们对本书的认可，能得到你们宝贵的推荐，我深感荣幸。

谢谢高冷冷，你对内容创作有着近乎严苛的要求。谢谢你和我一起讨论书名，也给了我思维上的启发。

谢谢小宇、阿瑨、鹏鹏等伙伴。让我们继续一起认真做事。相信我们的努力，会给读者带来更多的价值。

感谢我的家人，也要感谢我的朋友建哥、公子小白、缺月梧桐、十六、大海、罗胖子……是你们一直陪伴在我身边，给予我难以计数的帮助。

最后，真诚感谢我的每一位读者。我是一个很普通的写作者，你们是我真正的伯乐，是我的钟子期。

人生漫漫，你们将会继续温暖我未知的长路。